UMBERTO FRANZOI

der dogenpalast venedig

MIT 340 FARBAUFNAHMEN

VON MALAMOCCO ZU RIVOALTO

ANGELO PARTECIPAZIO

Als Angelo Partecipazio 810 die Regierung von Malamocco auf die Inseln von Rivoalto verlegte und damit jenen langen Reigen venezianischer Geschichte, erfüllt von glücklichen und tragischen Ereignissen, eröffnete, wollte man sofort eine bestimmte Zone ausfindig machen, in welcher die Organe dieses neuen Staates ihren Sitz finden sollten. Die erste Wahl, die auf ein Gelände fiel, vor dem sich ein ausgedehntes Wasserbecken eröffnete — die wichtigsten Wasserwege der Verbindung aus dem Inneren und vom Meere her strömten hier zusammen — war in der Sache richtig, da sie später nie mehr in Diskussion gestellt wurde. Auf dieser Fläche entwickelte und vervollständigte sich jener urbanistische Baukomplex, der bald geistiges, politisches, religiöses und soziales Zentrum der Stadt wurde: die Piazza di San Marco. Der Dogenpalast erstand also mit Venedig im zweiten Jahrzehnt des neunten Jh.s als Sitz jener Behörde, in der die vielfältigen Einzelinteressen, die in immer entferntere Länder führten, koordiniert und polarisiert wurden.
Aus dieser Idee heraus legte die Serenissima besonderes Gewicht auf die bauliche Entwicklung des Dogenpalastes und wandte in den verschiedenen Jahrhunderten gewaltige Summen auf, damit sowohl der äußere wie der innere Aspekt konkreter und realer Ausdruck jener idealen Auffassung sei, die auch dem politischen Staat zugrunde lag. Die Vorstellung, die wir uns heute von diesem ersten Bauwerk machen können, stützt sich auf wenige Elemente aus späteren Dokumenten, welche eine ältere Chronik fortführen. Einige Reste von Fundamenten und Mauerwerk deuten uns andere Elemente des damaligen Aussehens an. Es mußte ein Bauwerk von überwiegende, Verteidigungs-charakter, sehr ähnlich einem mittelalterlichen Schloß, mit einem fast viereckigen Grundriß gewesen sein,

1. Ein Löwe in «Moleca».
2. 3. 4. Porträts von Dogen im Saal des Großen Rates.
5. Donato Veneziano: Schreitender Löwe (Detail).
6. Vittore Carpaccio: Schreitender Löwe (Detail).
7. Jacobello del Fiore: Schreitender Löwe (Detail).
8. Der Markusplatz mit Dogenpalast.

5   6   7

genauer gesagt, ein Ring von hohen Mauern mit starken Türmen an den Ecken zum Wasser hin und mit befestigten Eingängen. Innerhalb dieses Areals nahmen eine Reihe von Konstruktionen, die sich wahrscheinlich an die Umfassungsmauer anlehnten, die Organe der Regierung auf. Die fragmentarische innere Anordnung der Bauten und die ununterbrochene äußere Umfassungsmauer gaben auch in Hinkunft die Richtlinien für die Verteilung der inneren Struktur, obwohl der Komplex auch weiterhin architektonisch geschlossen blieb. Die Unterteilung der Funktionen von Regierung und Verwaltung ist eine spätere Sache, wenn man auch das Schema beibehielt, als der Dogenpalast den Ausdruck einer präzisen Einheit annahm. Dieses Schema wurde auch in der Folge beibehalten, als sich die Organe der Regierung erweiterten und vervielfältigten.

Im Dogenpalast erhielten ihren Sitz mit genauer Abgrenzung: Die Privatwohnung und die öffentlichen Räume des

9. Luftaufnahme vom Markusplatz.
10. Die Münze, der Dogenpalast und die Gefängnisse.

VON DER FESTUNG ZUM OFFENEN PALAST

Dogen, der die Schlüsselgestalt der Repräsentation des neuen Staates war; der Regierungs- oder Gemeindepalast, wo die venezianische Politik auf Versammlungsebene diskutiert und beschlossen wurde; der Justizpalast, der Palazzo «ad jus reddendum» gegen die Piazzetta hin, die Stallungen, die Wohnungen des Palastpersonals und die Wachen. Längs der vierten Seite erhebt sich die Kirche, die Dogenkapelle war.
Der Palast erfuhr weitere, wenn auch nur teilweise Veränderungen, die sich aus der Erweiterung und Anpassung an die Erfordenisse ergaben. Sicher ist, daß allmählich mit dem Ablauf der Zeit, in welcher

11. Galatracht des Capitano da Mar (Schiffmuseum).
12. Die Fassade gegen das Becken von San Marco hin.
13. Das Becken von San Marco und die Insel von S. Giorgio (vom Campanile aus gesehen).

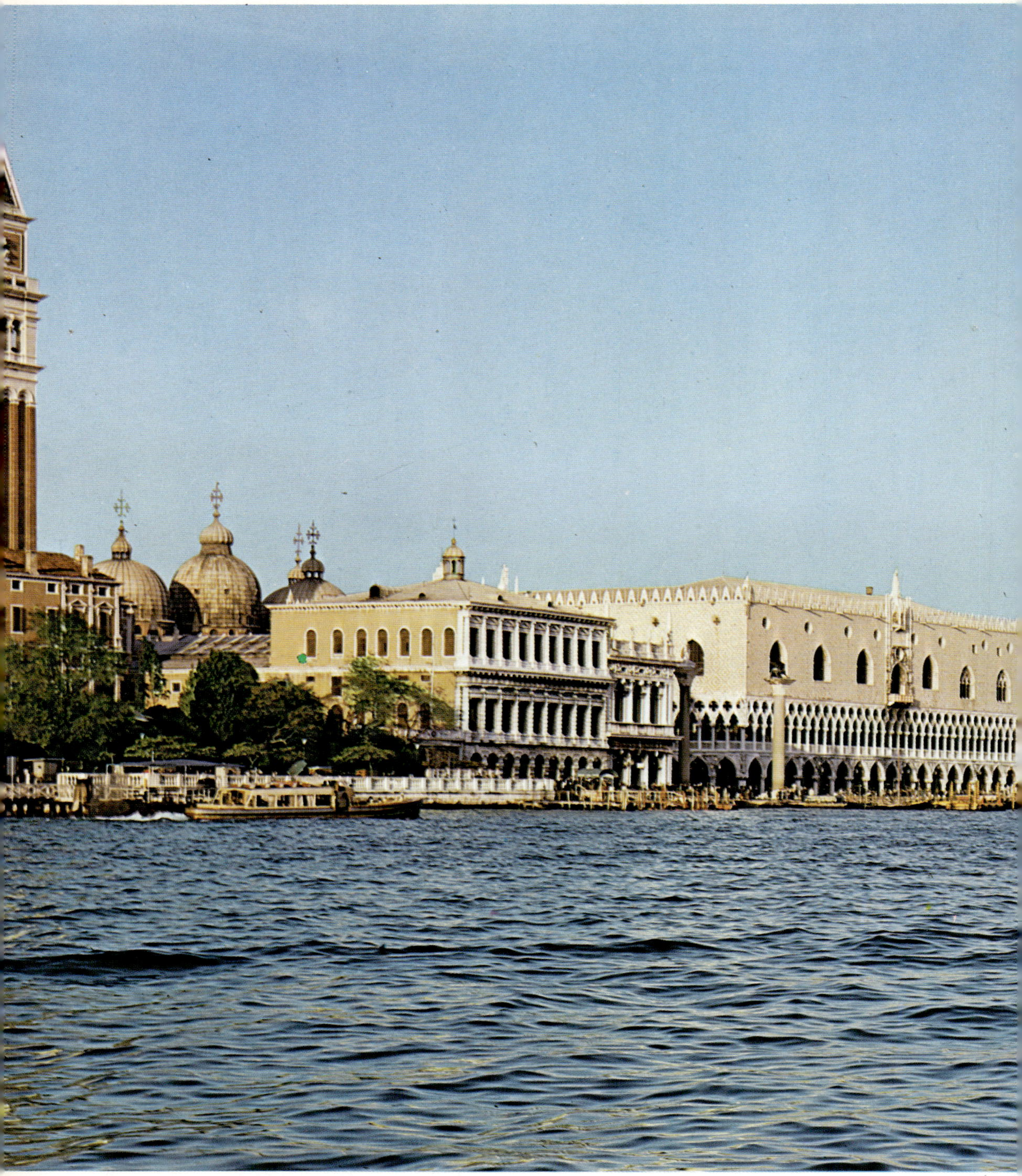

15

14

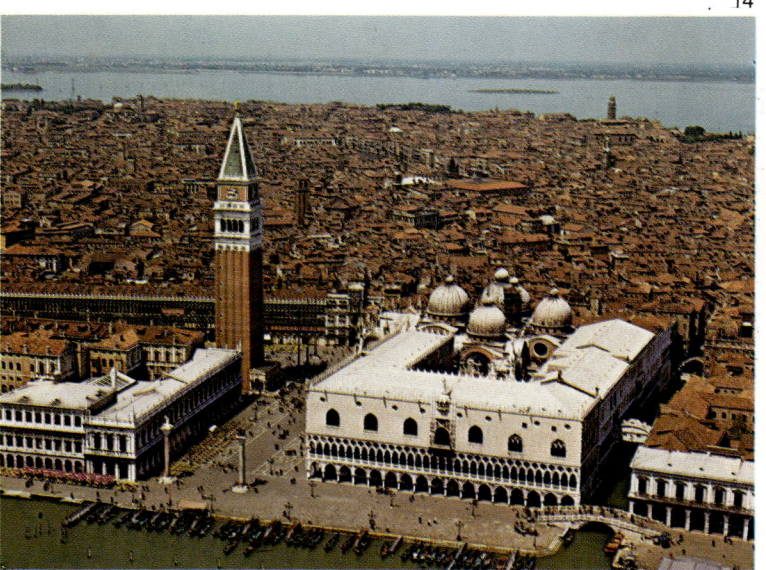

DIE HERRSCHAFT VON SEBASTIANO ZIANI

DER PALAST NIMMT EIN NEUES REICHERES AUSSEHEN AN

14. Luftaufnahme vom Markusplatz.
15. Die Uferpromenade von der Münze bis zur Kirche der Pietà.

die Republik immer sicherer und mächtiger wurde, die Architektur des Palastes ihre Schutz- und gleichzeitige Verteidigungsfunktion verlor, um die offeneren Formen der venezianisch-byzantinische Architektur anzunehmen.
Die Herrschaft des Dogen Sebastiano Ziani ist von ungewöhnlicher baulicher Aktivität gekennzeichnet. Auf jene Zeit führt man eine Reihe von bedeutenden Arbeiten zurück, so die Trockenlegung des Rio Batario und die anschließende Erweiterung der Fläche der Piazza. Auch der Palazzo erhielt zwischen 1172 und 1178 ein verändertes Aussehen und neue Dimension durch den Bau des neuen Gemeindepalastes für einen größeren Saal des Großen Rates, die Errichtung des Palazzo «ad jus reddendum» gegen die Piazzetta hin und durch die Unterbringung hoher Behörden in geeigneten Amtsräumen. In den Urkunden finden sich dazu zahlreiche Hinweise auf die Versammlungsräume der Signori di Notte al Criminal, der «Advocatores comunis», der Quarantia, der Cataveri, des Piovego usw.
Inzwischen wuchs die Bedeutung der Höchsten Einrichtung Venedigs, welche die Zahl ihrer Mitglieder zusehends erhöhte, damit ergab sich in stets stärkerem Maße die Notwendigkeit einer würdigen Unterbringung, welche den Wohlstand und die von der herrschenden Klasse erreichte Machtstellung widerspiegeln. So entschloß man sich gegen 1340, der Ungewißheit ein Ende zu setzen, die sich daraus ergeben hatte, daß einige sich für Erweiterung und Neugliederung des alten Versammlungsraumes eingesetzt hatten. Man beschloß den Bau eines neuen grandiosen Saales, der den Hohen Rat aufnehmen sollte.

7

16

17

18

DER BAU DES SAALES DES GROßEN RATES

Die Arbeiten, die, wie bereits erwähnt, kurz nach 1340 unter dem Dogen Bartolomeo Gradenigo (1339—1343) begonnen wurden, müssen zum Großteil 1365 beendet gewesen sein, da in jenem Jahr der Paduaner Guariento berufen wurde, um die Wand oberhalb des Thrones mit dem Fresko der «Krönung der Jungfrau» auszuschmücken. Gewiß wurden die Arbeiten zur Vollendung der dekorativen Teile wie der kräftigen Außenverkleidung mit Losanghen, den dreiteiligen, großen Spitzbogenfenstern, die beim Brande Jahres 1577 mit Ausnahme der zwei letzten rechts verlorengegangen sind, auch später fortgesetzt. Die architektonische Struktur des großen Mittelfensters wurde erst 1404 vollendet.
Der Bau gedieh gegen die Piazzetta hin nur bis zur sechsten Arkade, d. h. bis zur siebenten Säule, entsprechend der Breite des Saales des Hohen Rates.

16. Luftaufnahme des Platzes und der Insel der Giudecca.
17. Der Markusplatz mit der Markuskirche und dem Campanile.
18. Die Kuppeln der Markuskirche.
19. Dogenpalast: die Fassade gegen das Becken, XIV. Jh.
20. Der Eckpfeiler des Palastes, im Hintergrund die Insel von San Giorgio.

FILIPPO CALENDARIO UND PIETRO BASEGIO: WEGBEREITER ODER NACHAHMER?

Nur wenige Namen der Urheber dieses architektonischen Unternehmens scheinen in den Urkunden auf: Filippo Calendario und Pietro Basegio. Man darf darum nicht annehmen, daß ein vermuteter Architekt allein diesen Teil des Palastes geplant hat. Die Dokumente überliefern uns außerdem die Namen von drei «Sapientes», die gewählt wurden, um den Bau zu prüfen und zu überwachen. Marco Erizzo, Nicola Superanzio und Tommaso Gradenigo legen in ihren Beschlüssen die Lage, Größe und Form des neuen Saales fest und schlagen strukturelle und konstruktive Einzelheiten vor, wie etwa die Säulenreihe, die 1348 längs der Längsachse der Saales des Piovego angelegt wurde, um das Licht des darüber liegenden Bogens zu vermindern.

21. Das Becken von San Marco gegen den Hafen von S. Nicolò.
22. Das bleigedeckte Dach des Palastes.
23. Die Markussäule auf der Piazzetta und das Ufer gegen den Ponte della Paglia hin.
24. Die Münze, die Marciana-Bibliothek, die Piazzetta und der Dogenpalast.
25. Der Dogenpalast gegen den Ponte della Paglia.

25

DIE TRUNKENHEIT NOAHS
ADAM UND EVA
DAS URTEIL DES SALOMON

Halten wir uns noch einen Augenblick bei den wunderschönen plastischen Lösungen auf, welche diesen Teil des Palastes schmücken und den ersten bedeutenden Zyklus von Skulpturen bilden. Unbekannte Künstler haben sie aus einem neuen Geist heraus modelliert und ihre Werke glänzend in das architektonische Gesamtbild eingefügt, angefangen von der Ecke gegen den Kanal. *«Die Trunkenheit Noahs»* mit den Söhnen Sem und Japhet, während Ham auf der anderen Seite des Uferportales dargestellt ist. Darüber finden wir auf der Höhe der Loggia *den Erzengel Raffael,* Symbol des Handels, mit Tobias. An der Ecke gegen die Piazzetta: *«Die Voreltern Adam und Eva»* unter dem Baum der Schlange, und auf der Höhe der *Erzengel Michael* mit dem gezückten Schwert, Symbol des Krieges.

Wenn wir im Sinne einer korrekten chronologischen Aufzählung die Zeiten vorwegnehmen, nennen wir hier auch die Skulptur der dritten Ecke bei der Porta della Carta: *«Das Urteil des Königs Salomon»,* eine erstaunliche Marmorgruppe mit Anspielung auf die Gerechtigkeit, welche nach letzten kritischen Urteilen dem Meißel des Jacopo della Quercia zugeschrieben wird, während man früher den Namen Pietro Lambertis nannte. Darüber der *Erzengel Gabriel,* Symbol des Friedens. Zu diesen Skulpturen muß man noch den Tondo anfügen, welcher das siebente vierteilige Fenster der Loggia abschließt und *«Venedig im Kleide der Gerechtigkeit»* darstellt, stilmäßig auf Noah und die Voreltern zurückzuführen. Wie wir

26. Die nord-östliche Ecke des Palastes gegen den Ponte della Paglia.
27. Marmorrelief mit der «Trunkenheit Noahs».
28. Noah und seine Söhne (Marmorrelief an der Ecke).
29. Ham, ein Sohn Noahs.
30. Sem und Japhet, die Söhne Noahs.

28

29

30

31

32

bereits erwähnt haben, bleiben die Künstler dieser Werke und Kapitelle unbekannt, obwohl man in ihren Arbeiten die Hand zahlreicher gotischer Bauhütten erkennen kann, die um die Mitte des 14. Jh.s am Werke waren.
Die Steinmetze und Bildhauer, die es in Venedig gab und die zum Palastbau herangezogen wurden, müssen sehr zahlreich gewesen sein, um in so rascher Zeit nicht nur die Struktur, sondern auch die dekorativen Teile wie die 24 Kapitelle des Säulenganges und die doppelte Zahl bei der Loggia sowohl gegen den Molo wie auch gegen die Piazzetta hin fertigzustellen. Die Jahreszahl 1344 ist im Kapitell der «Sapienti» auf der Tafel eingemeißelt, die Pythagoras in der Hand hält. Der Doge Andrea Dandolo, ein gebildeter und sehr reicher Mann, der bereits auf organisatorischer und kultureller Ebene zur baulichen Entwicklung der Stadt und zu ihrer Verschönerung stark beigetragen hatte, wandte für die Arbeiten an der Basilika wie auch am Dogenpalast sein persönliches Vermögen auf.

31. Der Markusplatz und die Piazzetta, im Hintergrund die Inseln von San Giorgio und der Giudecca. Dahinter der Lido.
32. Die Punta della Dogana am Schnittpunkt zwischen dem Canal Grande und dem Canale della Giudecca.
33. Der Mittelbalkon des Saales des Großen Rates.
34. Das Innere der Loggia gegen das Becken.
35. Die Loggia gegen die Piazzetta mit den beiden Säulen aus rotem Marmor.
36. Die Dachzinnen.

DIE LOGGIA GEGEN DIE MOLE HIN

PAOLO DALLE MASEGNE

Der Mittelbalkon der Fassade gegen den Molo ist ein datiertes Werk (1400—1404) von Pier Paolo dalle Masegne, der sich mit den neuen Strukturen in die schwierige architektonische Linie der ganzen Fassade so gut einzufügen verstand.

DIE KAPITELLE DES PORTIKUS

Viele Kapitelle des Portikus, sowohl die älteren gegen den Molo hin wie auch die jüngeren gegen die Piazzetta, wurden während einer großzügigen Restaurierung in der zweiten Hälfte des 19. Jh.s durch Kopien ersetzt. Die Originale sind im Museo dell'Opera im Inneren des Palastes verwahrt. Wir geben hier eine rasche Aufzählung der Sujets, ausgehend von der Ecke gegen den Kanal: 1)*Kindheit und Kunst des Barbiers,* 2) *Vögel,* 3) *Köpfe von Rittern und Kreuzfahren,* 4) *Die Kindheit,* 5) *Köpfe von Kaisern,* 6) *Frauenköpfe,* 7) *Laster und Tugenden,* 8) *Musikanten und Monstren,* 9) *Tugenden,* 10) *Laster,* 11) *Vögel,* 12) *Laster und Tugenden,* 13) *Löwenköpfe,* 14) *Tiere,* 15) *Liebesturniere,* 16) *Männerköpfe,* 17) *Die Weisen,* 18) *Die Planeten und die Erschaffung des Menschen* (Eckkapitell), *19) Die heiligen Märtyrer-Bildhauer,* 20) *Tiere mit der Beute,* 21) *Die Handwerker,* 22) *Die Lebensalter des Menschen,* 23) *Die Völker,* 24). *Eine Liebesgeschichte.* Hier endet die älteste Serie, die sich auf den Bau jenes Teiles des Palazzo bezieht, welcher den Saal des Hohen Rates enthält.

37. Das Kapitell mit den Vögeln, XIV. Jh.
38. Der Portikus gegen die Piazzetta.
39. 40. 41. 42. 43. Einige Kapitelle des Portikus.

40

41

Nun zum Teil, der später unter dem Dogen Foscari erbaut wurde: 25) *Die Monate des Jahres,* 26) *Liebesturniere,* 27) *Obstkörbe,* 28) *Laster und Tugenden,* 29) *Tugenden,* 30) *Laster,* 31) *Musikanten und Monstren,* 32) *Der Unterricht,* 33) *Laster und Tugenden,* 34) *Vögel,* 35) *Knaben,* 36) *Die Gesetzgeber.* Das letzte Kapitell hat eine Inschrift eingemeißelt, die auf die Autoren Bezug nimmt: *«Duo soti florentini inc se».* In diesen beiden *«soci fiorentini»* wollte man Pietro di Nicolò Lamberti und Giovanni di Martino da Fiesole erkennen.

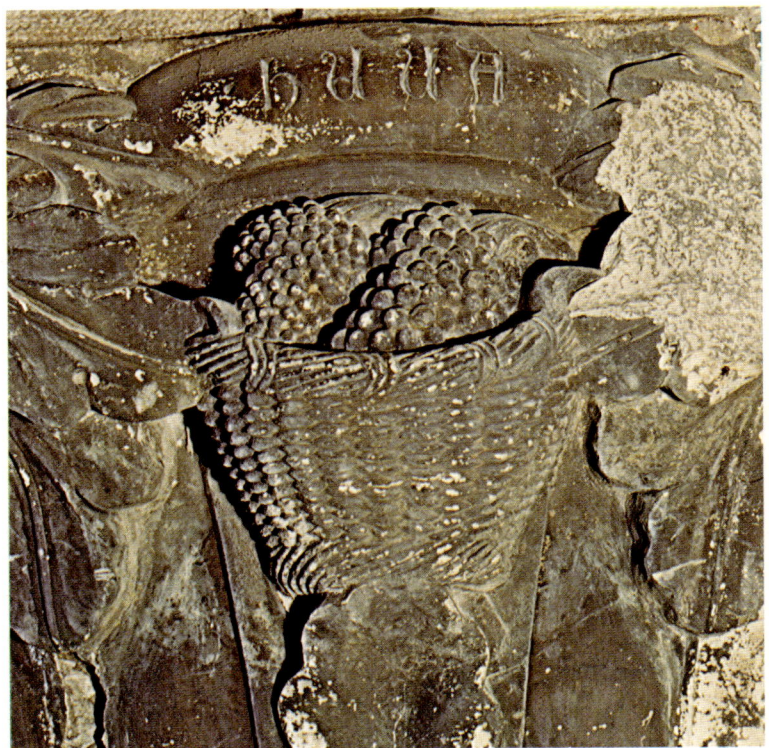

42

43

17

DIE ECKE ZUR PIAZZETTA HIN

45

46

47

44. Die Ecke des Palastes gegen die Piazzetta.
45. Die Ecke des Palastes von der Ufermole aus gesehen.
46. Das Relief mit dem Erzengel Gabriel.
47. Die Marmorgruppe mit Adam und Eva.

Nachdem man den Gemeindepalast vollendet hatte, für den sagenhafte Summen ausgegeben worden waren und für die Erhaltung weiterhin ausgegeben werden mußten (man hatte einen Maestro ernannt, der den einzigen Auftrag hatte, die Gemälde zu überwachen und in Ordnung zu halten), beschloß die Republik tausend Dukaten Strafe jenem Patrizier aufzuerlegen, der Vorschläge für neue Umbauarbeiten im Palast erstatten würde.
Der Doge Tommaso Mocenigo (1414—1423) zog es vor, die Strafe zu zahlen und den Neubau des Ziani-Flügels vorzuschlagen, da dieser ungeeignet und wahrscheinlich in Verfall war.

48. Die Piazzetta mit der Markussäule und der Säule des Todaro.
49. Das Urteil des Salomon (Detail).
50. Die Ecke des Palastes gegen die Porta della Carta.
51. Die Marmorgruppe mit dem Urteil des Salomon.

50

DIE ECKE ZUR PORTA DELLA CARTA HIN
DAS URTEIL DES SALOMON

51

DER BAU DES JUSTIZPALASTES UNTER DER HERRSCHAFT DES DOGEN FRANCESCO FOSCARI

Ein Jahr später, nachdem Francesco Foscari (1423—1457) den Dogenthron bestiegen hatte, beschloß man, den Justizpalast nach dem Vorschlag des Mocenigo zu erneuern. Mit dem Niederreißen begann man im März 1424. Es mußte vielleicht zwischen den beiden Gebäuden einen befestigten Durchgang oder einen gedeckten Säulengang gegeben haben, der noch aus dem alten Mauerwerk aus istrischem Gestein gebildet wurde und vielleicht in späteren Zeitperioden abgeändert wurde. Die Projektanten oder die gleichen Räte, die immer bei solchen Gelegenheiten ernannt wurden, beschlossen, den Palast unter Wiederholung der bereits im vorangegangenen Jahrhundert verwandten Lösungen und Formeln fortzuführen, so daß der gesamte Sitz der Regierung in eindrucksvoller Einheit erscheint. Wir haben bereits gesehen, daß auch die Themen der Kapitelle des Portikus und des Logenganges im 14. Jh. fortgesetzt wurden. Wie beim Bauteil gegen das Wasserbecken hin haben wir keine Mitteilungen über die Personen, welche die Projekte und Bauten ausführten. Außer für den der Kirche am nächsten liegenden Teil bereits

genannten «Soci fiorentini» finden wir hier das Kunstempfinden der toskanischen Meister, der Werkstätten von Giovanni Bon und vielleicht als einzigen Namen Giorgio Orsini da Sebenico. Sicher war der Orsini Mitarbeiter der Bon beim Bau der Porta della Carta.
Die Eingänge in den Dogenpalast sind von zwei Arten, vom Wasser und vom Land her. Die ersten längs des Kanals des Palastes und der Canonica korrespondieren mit den inneren Ufern und sind auf der Fassade von geräumigen Portalen in Doppelbogen gekennzeichnet. Die zweiten öffnen sich vom Molo durch die Porta del Frumento, so genannt nach der Behörde, die für Getreideversorgung zuständig war und in den angrenzenden Räumen amtierte, und von der Piazzetta durch die Porta della Carta, deren Namen von der Tatsache kam, daß hier in der Nähe die Schreiber ihren Sitz hatten und man hier die Aufrufe und Beschlüsse anschlug.
Das Erdgeschoß des gegen die Piazzetta gerichteten Baues war von den Stallungen besetzt, als es noch üblich

war, durch die Straßen der Stadt zu reiten, was später mit einem eigenen Beschluß verboten wurde.
Das Erdgeschoß des Bauwerkes gegen das Wasserbecken diente zur Gänze für die Gefängnisse, die erst am Beginn des 17. Jh.s restlos beseitigt wurden, als man die Gefangenen in den neuen Gefängnispalast jenseits des Kanals verlegte.
Angrenzend an die Pozzi auf der Fläche, die dem dritten Ufer entspricht, errichtete Antonio da Ponte im Jahre 1568 Gefängnisse, die man ihrer Milde wegen «Giardini» (Gärten) nannte, soferne dies nicht ironisch gemeint war. Sie wurden 1601 abgetragen. An der Ecke gegen den Ponte della Paglia gab es noch um 1500 den alten Turm, der sich über das Dach erhob.
In dieser Zone des Palazzo gab es noch weitere Gefängnisse, die «La Torresella» genannt wurden. Sie wurden allmählich verringert und schließlich ganz beseitigt.

52. Der Mittelbalkon des Saales dello Scrutinio.
53. Die Säulenstruktur (Portikus und Loggia) der Fassade gegen die Ufermole.
54. Der «Tondo della Giustizia» gegen die Piazzetta.

DIE ACRITANISCHEN PFEILER UND DIE TETRARCHEN

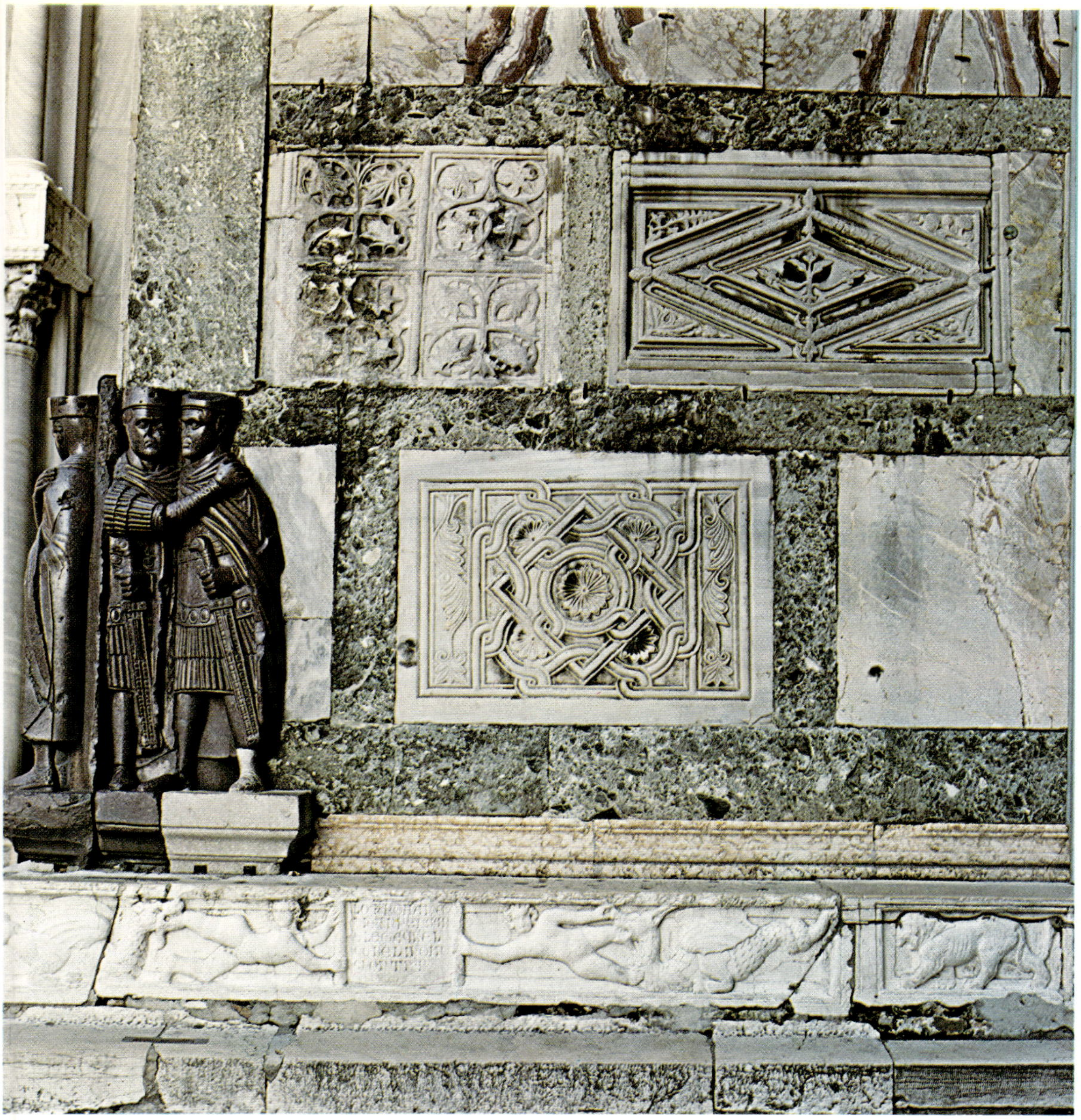

57

58

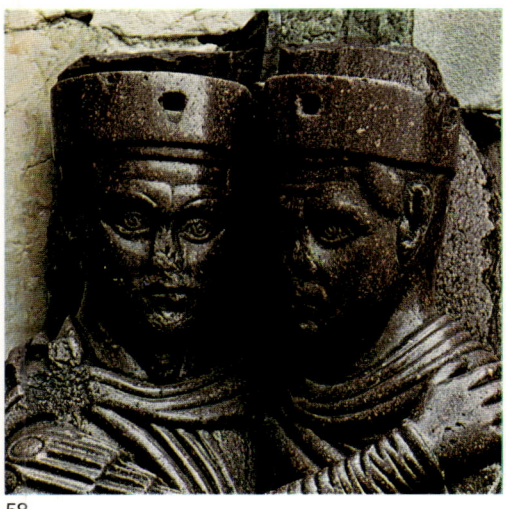

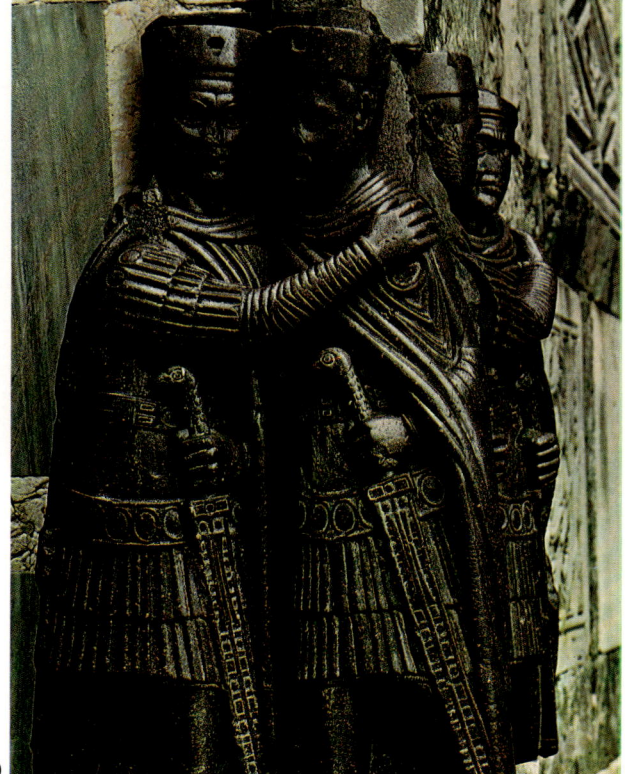

55. Francesco Montemazzano: Die Eroberung von Akris.
56. Die beiden Akritanischen Pfeiler.
57. Das Mauerstück mit den Tetrarchen neben dem Eingang des Palastes.
58. 59. Die Tetrarchen.

59

BESICHTIGUNGS-WEG

60

61

62

Wir treten durch die Porta della Carta und durchqueren den Hof bis zur entgegengesetzten Ecke rechts, wo sich der Schalter für die Ausgabe der Eintrittskarten befindet. Wir steigen dann die Zensorenstiege hinauf bis zum Geschoß der Loggien und gehen dort weiter bis zum Beginn der Scala d'Oro. Über zwei Rampen (die zweite rechts) erreicht man die Galerie und dann die Dogenwohnung: Sala degli Scarlatti, delle Mappe, Grimani, Erizzo, degli Stucchi oder Priuli, der Philosophen, die drei Zimmer der Pinakothek, der Scudieri. Man tritt dann erneut auf die Scala d'Oro hinaus, die uns in zwei Rampen hintereinander in das zweite Geschoß führt: Viereckiges Atrium, Saal der Vier Tore, des Antikollegiums, des Kollegiums, des Senates, Vestibül und Kirche. Man durchquert den Saal der Vier Tore und erreicht nach einem kurzen Gang den Saal des Rates der Zehn, della Bussola, dei Tre Capi, des Chefs der Inquisitoren. Man tritt dann durch einen Gang auf den Stiegenabsatz der Zensorenstiege hinaus. Von hier führt eine kurze Rampe zu den Sälen dell'Armeria (Rüstkammer): des Gattamelata, Heinrichs IV., des Morosini, des Bragadin. Wenn man dann über die Zensorenstiege hinabsteigt, betritt man den «Liagò», dann die Säle della Quarantia Civil Vecchia, die Rüstkammer oder Saal des Guariento, del Maggior Consiglio (Großer Rat), della Quarantia Civil Nova, dello Scrutinio. In Fortsetzung des Rundganges durchquert man neuerdings den Saal des Großen Rates, legt einen kurzen Abschnitt der Galerie zurück und tritt dann in die Säle der Quarantia Criminal. Eine kurze Holzrampe führt zum Ponte dei Sorpiri, der Seufzerbrücke, die man auf dem linken Gange überschreitet. Die Seufzerbrücke überschreitet man erneut in entgegengesetzter Richtung, diesmal über den zweiten Korridor auf der Seite des Wasserbeckens und der Insel San Giorgio, die man durch das Marmorgitter erblickt. Man betritt nunmehr jenen Teil des Palastes, der für die Avogaria (Staatsanwaltschaft) bestimmt war: Saal der Zensoren, der Notare oder Avogadori (von diesem kleinem Saal kann man auf die Loggia hinaustreten und die Besichtigung beenden), dello Scrigno, della Milizia da Mar, della Bolla Ducale und dann zurückkehrend zur Saletta degli Avogadori, dem Sprechzimmer der Gefangenen, von dem aus eine Treppe zu den Gefängnissen, genannt «Pozzi», führt. Von hier tritt man in den Hof und beendet den Rundgang.

60. Der Hof des Portikus
61. Die Scala d'Oro.
62. Der Saal der Vier Türen.
63. Der Kollegiumsaal.
64. Der Saal des Senates.
64 bis. Liagò.
65. Der Saal des Großen Rates.
66. Plan des Erdgeschosses des Palastes.
67. Plan des ersten Stockwerkes.
68. Plan des zweiten Stockwerkes.

63

64

64 bis

65

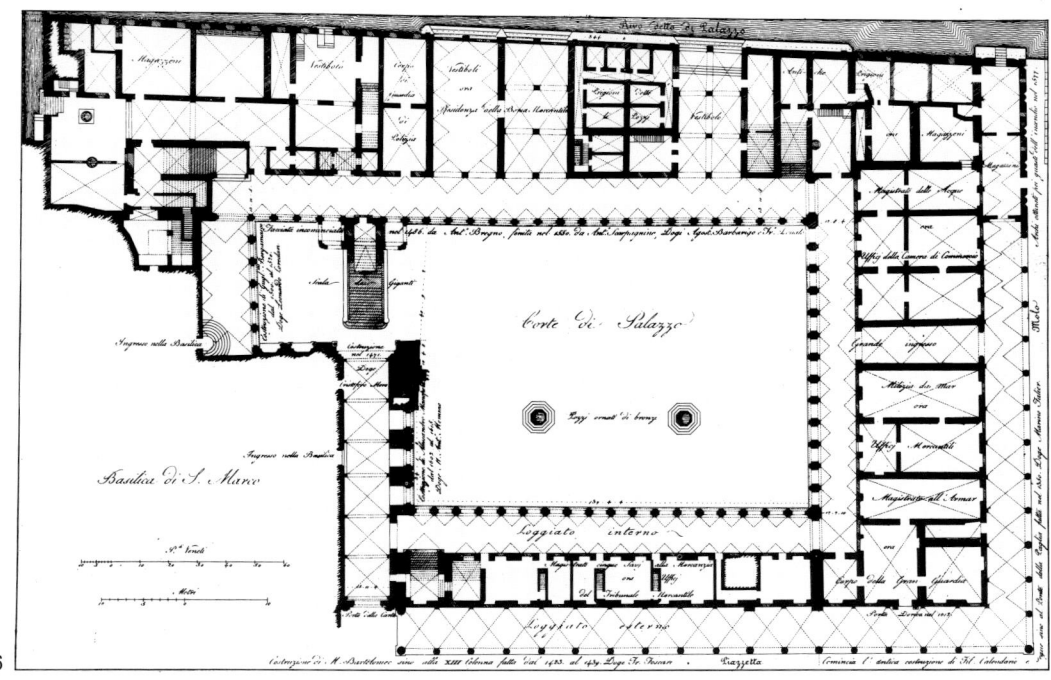

66

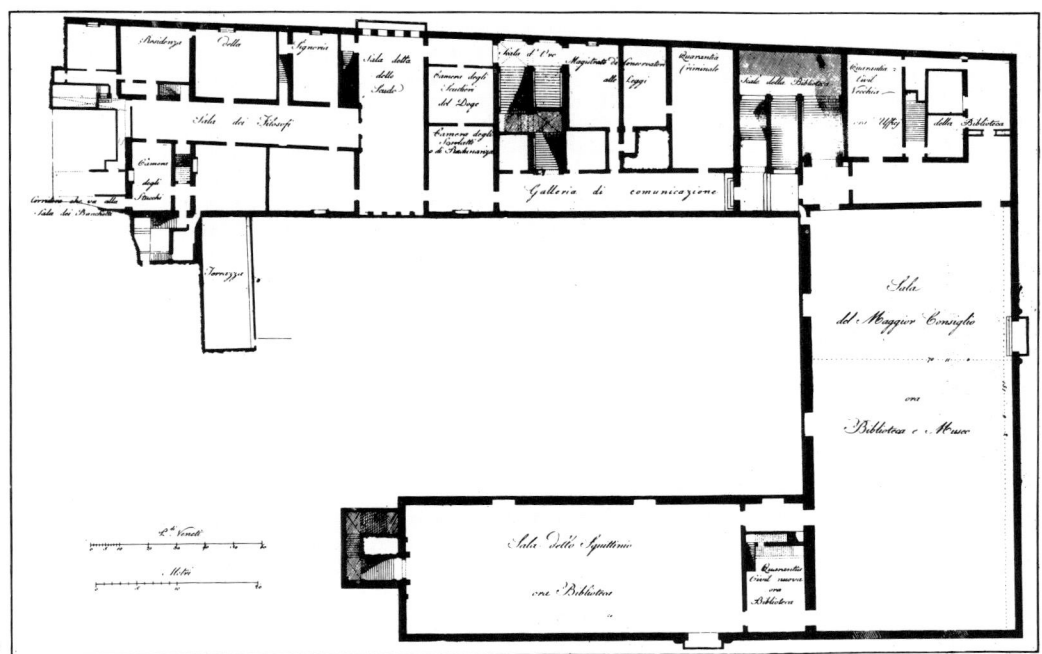

67

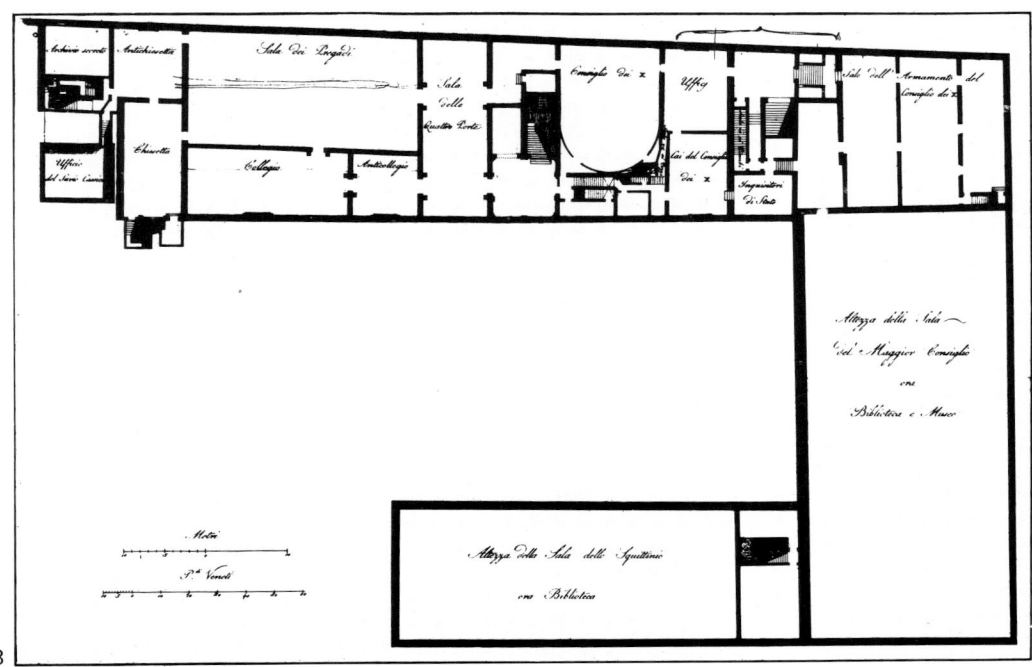

68

69. Der Dogenpalast mit seinen beiden Fassaden aus dem XIV. und XV. Jh.

70

70. Die Porta della Carta.
71. Marmorkopf des Dogen Foscari (Bauhüttenmuseum).
72. Der Kopf der Gerechtigkeit (Porta della Carta).

TOR DELLA CARTA

DER MONUMENTALE EINGANG DES DOGENPALASTES

Dieses stellt den Haupteingang in den Dogenpalast dar. Die Serenissima wünschte für diesen Eingang eine reichgegliederte architektonische Struktur. Der Raum war bereits abgegrenzt durch die Enge zwischen der Flanke der Basilika und der Ecke des Palastes. Die Arbeit wurde am 10. November 1438 an Giovanni und Bartolomeo Bon in Auftrag gegeben. Die erwählten Künstler waren in jenen Jahren sehr gesucht, und ihre Tätigkeit muß fieberhaft gewesen sein, wenn sie allen Anforderungen genügen wollten, die nicht nur seitens des Staates, sondern auch und vor allem vom seiten Privater an sie ergingen. Aus diesem Grunde erfuhr der Bau des Tores della Carta zahlreiche Unterbrechungen, wodurch die Reaktion des Rates ausgelöst wurde, der ununterbrochen die Fertigstellung betrieb. Im Jahre 1442 waren die Arbeiten im vollem Gange. Beim Tode Giovannis wurde das Werk von dessen Sohn Bartolomeo, der auf dem Architrav des Tores seinen Namen: «OPUS BARTHOLOMEI» einmeißelte, fortgesetzt und vollendet.

72

Der Komplex ist ein bezeichnendes Beispiel der venezianischen Hochgotik aus der Mitte des 15. Jh.s, kurz bevor sich allmählich der neue Stil der Renaissance durchsetzte, der im Vergleich zu den übrigen Regionen wie der Toskana und der Lombardei an den Ufern der Lagune erst spät Wurzeln schlug. Zu der bildhauerischen Ausstattung kam der Farbenreichtum in Rot, Blau und Gold, in denen viele Teile bemalt waren, doch müssen wir ihn uns nur mehr vorstellen, da er verlorengegangen ist. Die Krönung des Tores wird durch die Statue der *Gerechtigkeit* gebildet, die sich früher, d. h. bis zum Ende des 16. Jh.s, weiß vom Himmel abhob. Die Ausbildung der Treppe, die vom Hofe durch die Loggia zur Scala dello Scrutinio führt, erforderte einen Raum, gewonnen hinter der genannten Statue, die nunmehr nach dem Muster der beiden Fassaden zweifarbig bemalten Mauer in Erscheinung tritt. Im unteren Felde die Büste des *Evangelisten Markus,* umringt von einer Schar von kleinen Engeln (vielleicht ein Werk von Giorgio Orsini) zwischen dem Blattwerk der Spitzen und anderen architektonischen Elementen. Längs der beiden seitlichen Pilaster nehmen vier Nischen Rundstatuen auf, welche die *Barmherizigkeit,* die *Klugheit,* die *Mäßigkeit* und die *Stärke* darstellen. Im Mittelfeld die Marmorgruppe des Dogen *Francesco Foscari mit dem geflügelten Löwen,* ein spätes Werk (1885) von Luigi Ferrari, eine Kopie des Originals, das beim Sturze der Republik zerstört wurde und verlorenging.

71

ANDRONE UND ARCO FOSCARI

Nach Betreten des Dogenpalastes geht man durch den sogenannten «Androne Foscari», der zu der Scala dei Giganti führt, gedeckt mit gerippten Kreuzgewölben, die in den Schlußsteinen die Figuren der Evangelisten eingemeißelt haben. Das Werk wurde vermutlich gegen 1438, anvertraut dem aus Cremona stammenden Maurermeister Stefano Bon di Nicolò, begonnen und unter dem neuen Dogen Cristoforo Moro fortgesetzt, dessen Wappen wir im Abschlußteil der Stirnseite sehen. Es wurde vielleicht unberechtigt Foscaribogen genannt. Erst gegen 1484 unter dem Dogen Giovanni Mocenigo wurden die Arbeiten an jenem Teil, der zum Hofe hin zeigt, beendet.

Diese Zone des Palastes macht einen sehr gequälten Eindruck wegen einer ganzen Reihe von späteren Eingriffen, die erst im 17 Jh. ihren Höhepunkt erreichten, als der Monopola nach der Abtragung der Foscaristiege, die zur Loggia führte, und des Verbindungsganges von der Sala dello Scrutinio zu dem aus dem Bogen ausgehöhlten Raume die Fassade der Uhr errichtete. Die lange Bauzeit und die verschiedenen Umwandlungen, der Geschmack und der Stil, die sich in diesen Jahren des Überganges von der Gotik zur Renaissance wandelten, machen diesen Bauteil des Palastes, der planimetrisch und architektonisch wegen seiner Anlehnung an die Basilika besonders delikat ist, zu einem der am schwierigsten zu wertenden Teile, von den Zuschreibungen der Skulpturen, welche dieses Werk von der Höhe ihrer steil und zart aufragenden Spitzen

73. Der Androne Foscari, im Hintergrund die Scala dei Giganti.
74. Die Uhr von Monopola und die Flanke des Foscari-Bogens.
75. 76. Die Statuen auf den Zinnen des Foscari-Bogens.
77. Der Foscari Bogen.

75

76

so reich und zahlreich krönen, gar nicht erst zu reden. Diese Statuen stellen *Allegorien der Kunste* wie die Weisheit, die Geographie, die Poesie, die Musik usw. dar und werden von der heutigen Kritik Künstlern verschiedener Herkunft aus Venezien und der Lombardei zugeschrieben, darunter jenem Antonio Bregno, der das Verbindungsglied im Übergang von der Gotik zur Renaissance darstellt, und dem gleichen Antonio Rizzo. Wenn wir vom oberen Stiegenabsatz der Scala dei Giganti die Fassade des Foscaribogens betrachten, gewinnen wir sofort den Eindruck, daß der Architekt eine bestimmte Absicht verfolgte und an ein großes Grabmonument im Freien dachte, das wahrscheinlich die sterblichen Überreste des Dogen Foscari aufnehmen sollte.

77

78

79

ANTONIO RIZZO
ADAM UND EVA
DER LÄUFER

In den beiden Seitennischen sind heute die zwei Bronzekopien der beiden Statuen von Antonio Rizzo, darstellend *Adam* und *Eva,* aufgestellt. Die Originalskulpturen in Marmor kann man im Inneren des Palastes in den Sälen der Quarantia sehen. Sie stellen das wertvollste Werk der venezianischen Plastik aus dem Ende des 15. Jh.s dar und sind der bezeichnende Ausdruck eines großen Künstlers, Architekten und Bildhauers, der in der Vergangenheit nur allzuoft von der offiziellen Kritik vernachlässigt wurde, so daß dieses Übergehen eine genaue historische Einreihung verhinderte. Er war einer der ersten Geister, der die Erfordernisse und Gebote des neuen Ausdrucks der Renaissance zu erfassen und entwickeln verstand, eine Kunstrichtung, die sich in Venedig nur schwer durchsetzen konnte, da die Stadt zu stark an die gotische Tradition verknüpft, ja von dieser förmlich durchdrungen war. Auch die Statue des *Fahnenträgers* in einer Nische auf der hofseitigen Fassade wird dem Rizzo zugeschrieben.

78. Antonio Rizzo: Statue der Eva.
79. Antonio Rizzo: Statue des Adam.
80. Detail der Eva.

DER HOF

DER PORTIKUS UND DIE LOGGIA
DER UHRTURM

81

82

Die Innenloggia gegen den Hof stellt eine architektonische Lösung dar, die sich von der äußeren stark unterscheidet. Hier sind keine reich ausgestatteten und kräftigen Vierbogenfenster, die einfachen Spitzbogen stützen sich auf gebündelte Säulen von zwei verschiedenen Typen: Bündel von fünf isolierten Säulen, die durch das Postament oder das Kapitell miteinander verbunden sind; Bündel von vier Säulen, die sich an einen Mittelpfeiler anlehnen. Die allgemeine Richtung, die sich daraus ergibt, ist gewiß älteren Datums, stärker an die Art des 13. als des 14. Jh.s gebunden. Der sehr strenge Eindruck paßte sich der vollen Ziegelmauer an, die darunter bis zum Eingreifen des Monopola existierte, aber auch den zwei großen Mauern der Säle des Hohen Rates und des Scrutinio, die nur in der Höhe von einer Reihe zweiteiliger Fenster durchbrochen sind.

81. Die Statuen von Mars und Neptun vom Foscari-Bogen aus gesehen.
82. Der Hof des Palastes vom Eingang der Porta della Carta her gesehen.
83. Ein Brunnen des Hofes.
84. Der Hof von der Scala dei Giganti aus gesehen.
85. Der Brunnen von Alberghetti (Detail).

Zwischen 1608 und 1615 errichtete er auch die kleine Uhrfassade und setzte sie auf die Strukturen des Foscari-Säulenganges auf, nachdem die alte äußere Treppe, die «del Piombo» geheißen hatte, abgetragen worden war.
Im Jahre 1773 erhielt der Hof an Stelle des früheren Pilasters aus Ziegel ein Steinpflaster. An der rechten Längsfassade, eingerahmt von einer einfachen Zeichnung aus istrischem Stein, die beiden Brunnenrandsteine in Bronze: das erste ist das Werk von Alfonso Alberghetti, das zweite von Nicolò de' Conti, ausgeführt zwischen 1554 und 1559.

OSTFLÜGEL DES PALASTES

DIE UMBAUTEN DER RENAISSANCE

Im Jahre 1483 unter dem Dogen Giovanni Mocenigo bricht im Dogenpalast ein Großbrand aus, der von der Dogenkapelle seinen Ausgang nimmt, sich durch die Räume der Dogenwohnung längs des Ostflügels des Palastes ausbreitet und diesen schwer beschädigt. Nach Löschung des Brandes wurde der Gedanke, den Bau vollkommen abzutragen und nach dem alten Plan getreulich wiederzuerrichten, aufgegeben.
Der alte Bau war von zahlreichen kleineren inneren Höfen unterteilt. Die Republik entschloß sich, im Rahmen des Möglichen die bestehenden Strukturen zu erhalten und zu verwerten, und erteilte den Auftrag zum Neubau und zur Restaurierung dem Antonio Rizzo, der von kurzem zum Palastprotus ernannt worden war. Der Architekt entwickelte den Plan, einen einheitlichen ununterbrochenen Baukörper mit einheitlichen Fronten gegen Hof und Kanal zu schaffen. Dieser sollte auch den für den Dogen bestimmten Bauteil einschließen, nach oben bis zu der Linie des Traufdaches ausgedehnt werden, damit das zweite Geschoß der Säle des Senates und des Kollegiums in sich schließen und so lang werden, daß er an der Ecke bis zum Baukörper des Saales des Großen Rates reichte. Dies ist so zu verstehen, daß von Rizzo zwar nicht die eigentliche Errichtung des Baues, wohl aber die Idee der Einheit stammen konnte. Wir wissen nicht, wie der Bau vor diesem Eingriff ausgesehen hat, jedenfalls hinsichtlich der Planimetrie nicht sehr geändert.

86. Die Renaissance-Fassade gegen den Hof
87. Die Renaissance-Fassade gegen die Scala dei Giganti.
88. Der Hof. Die Renaissance-Fassade.
89. Die Renaissance-Fassade zum Canale di Palazzo hin.
90. Relief auf der Renaissance-Fassade.
91. Detail der Renaissance-Fassade.

DIE RENAISSANCEFASSADEN

Die Arbeiten an den beiden Fassaden des Palastostflügels gegen den Hof und den Kanal wurden parallel begonnen und fortgesetzt. Die Baudaten liegen ziemlich genau vor; sie werden uns durch die in die Dekoration eingefügten Wappen der verschiedenen Dogen angegeben. Die Fassade auf den Kanal hin wurde unter dem Dogen Giovanni Mocenigo (1478—1485) begonnen, dessen Wappen in dem Eckpfeiler des Eingangsbogens zur Landungsstelle des Dogen eingemeißelt ist. Dann beginnt die Basis aus Diamantquaderwerk. Die Fassade gegen den Hof hin stammt aus etwas späterer Zeit; es sind die Jahre des Dogen Marco Barbarigo (1485 bis 1486), dessen Monogramm im ersten Eckkapitell des Senatorenhofes eingemeißelt ist. Die Arbeiten nahmen dann unter dem Nachfolger Agostino Barbarigo (1486 bis 1501) an beiden Fassaden ziemlich rasch ihren Fortgang, so daß sie bis zur siebenten Arkade des Säulenganges nach der Scala dei Giganti gediehen und mit der Marmorverkleidung die Höhe des oberen Geschosses erreichten. Gleichzeitig erinnern wir uns daran, daß man auch im Inneren die Verstärkung der Struktur fortsetzte, die beim Tode des Barbarigo weiter als die Arbeit an der Außendekoration gediehen war.

Es liegt uns eine Nachricht aus dem Jahre 1498 vor. In diesem Jahre mußte Rizzo plötzlich aus Venedig fliehen, da man entdeckt hatte, daß er sich der Veruntreuung von Baugeldern schuldig gemacht hatte. Er wird von Pietro Lombardo abgelöst, der bereits früher am gleichen Werke gearbeitet hatte und nunmehr Palastprotus wird. Im Jahre 1514 kam man bis zur elften Arkade. Weiter vorne das Wappen des Dogen Francesco Donà (1545 bis 1553), aus dem man schließt, daß in diesen Jahren der Ausbau des Inneren ins Stocken gekommen ist, während die Wappen des Dogen Leonardo Loredan (1501 bis 1521) ein Fortschreiten der Arbeiten auf der Kanalseite andeuten. Nach 1523 arbeitete indes auch Scarpagnino im Palaste, und ihm haben wir wohl den letzten Abschnitt dieses großartigen Werkes

DIE UMGESTALTUNGEN UNTER ANTONIO RIZZO PIETRO LOMBARDO SCARPAGNINO DIE TREPPE DER ZENSOREN

zuzuschreiben, obwohl auch der Monopola später daran Hand angelegt hatte.
Auf beiden Fassaden sind in der Verteilung der Fenster und der dazwischen liegenden Mauerflächen offenkundige Zeichen einer früher bestehenden älteren Struktur zu erkennen, an die man sich geschickt anpaßte. Dies erkennt man an der verschiedenen Höhe der Geschoßsimse, in der verlängerten Form der Fenster, welche das frühere System gotischer Formen andeuten, in der Verdoppelung des letzten Traufengesims, welches sich in der Höhe an die Säle der Pregadi, des Kollegiums und der Vier Tore anpaßt.
Vom Jahre 1525 an baute man auch die Zensorentreppe an Stelle einer früher bestehenden offenen Freitreppe, die vom Erdgeschoß in den zweiten Stock führt. Das Datum des Baues, der gleichzeitig mit der Vollendung der Innenräume und der Hoffassade erfolgt sein muß, nämlich von 1525 bis zur Mitte des Jahrhunderts, legt den Gedanken nahe, daß Plan und Ausführung dem Scarpagnino zuzuschreiben sind. Bartolomeo Monopola ist einer der letzten Architekten, der an der Gestaltung des Palastäußeren mitwirkte. Monopola nahm die Zeichnung der Bögen der Renaissancefassade wieder auf und öffnete die beiden Mauerwände an den beide ältesten Seiten des Hofes mit einem durchgehenden Portikus.

92. Detail der Fassade zum Hof hin.
93. Kirche von S. Nicolò: der Löwe in «Moleca».
94. Kirche von San Nicolò: das Wappen der Familie Loredan.
95. Ein Fenster der kleinen Kirche von San Nicolò.
96. Hof der Senatoren. Fassade der Kirche von San Nicolò.

93

94

95

96

KIRCHLEIN SAN NICOLÒ

GIORGIO SPAVENTO

Giorgio Spavento, Prokurator von San Marco, Architekt und Baumeister, hatte gegen 1486 die kleine Kirche San Teodoro errichtet. Im Jahre 1505 erhielt er den Auftrag, das *Kirchlein S. Nicolò* in einer Ecke mit dem Dogenpalast und gegenüber dem kleinem Hofe der Senatoren zu bauen. Dieses erhob sich mit der neuen Fassade oberhalb der Bögen, die bereits Rizzo aufgerichtet hatte. Es besteht aus einem einzigen Geschoß mit Bogenfenstern, die von einem dreieckigen Tympanon überragt werden. Spavento erreichte damit die Höhe des Frieses der nahen Loggia, das er nach dem gleichen Entwurf mit Tondi und Blumengewinde fortsetzt. Er schloß den Bau mit einer eleganten Balustrade zur Abgrenzung der Terrasse ab, die der Familie des Dogen als hängender Garten diente.

Der Bau wurde ziemlich rasch abgeschlossen, doch wurden die Arbeiten nach dem Tode des Spavento (1509) von Pietro Lombardo und später von Scarpagnino fortgesetzt. Diese vollendeten die Pflasterung des Hofes wie auch des Portikus und vollendeten die Stiege, die sogennante «*Scala dei Senatori*», die mit zwei bequemen Rampen das Erdgeschoß mit dem Stockwerk der Loggia verband. Die beiden großen Fenster auf dem Stiegenabsatz öffnen sich gegen den Hof der beiden Brunnen hinter der Apsis der Markusbasilika. Bis 1515 müssen die Arbeiten an diesem Teile des Palazzo fast vollendet gewesen sein.

DIE LOGGIEN

DIE LÖWENMÄULER

EIGENE BRIEFKÄSTEN FÜR GEHEIME ANZEIGEN

In verschiedenen Teilen des Palastes, längs der Loggienwände, in den Sälen der Bussola und der Quarantia Criminal, sind einige Löwenmäuler eingemauert, besondere Kassetten für geheime Anzeigen. Der Name stammt von der Tatsache, daß man äußerlich den Kopf eines Löwen meißelte. Jede einzelne Behörde, ob sie nun die Ruhe und Sicherheit des Staates überwachte, die gemeinen Straftaten verfolgte oder die Finanzen verwaltete, hatte ihr eigenes Löwenmaul. Dieses System hat am Anfang nicht

Die Loggien, die ein so charakteristisches Element der ganzen architektonichen Struktur des Palastes darstellen, verlaufen längs der beiden Außenfronten gegen das Wasserbecken und gegen die Piazzetta hin, sowie auch längs der drei Hofseiten. Zahlreich waren die Ämter, die von diesen Loggien aus ihren Zugang hatten: jene der Zensoren, der Avogadori, der Notare, des Cataveri usw.
Die Erbauer des Baukörpers gegen die Piazzetta hin brachten Lokale nur im Mezzanin unter, so daß ihnen in der ganzen Tiefe des Gebäudes von Loggia zu Loggia eine freie Zone zur Verfügung stand, die nur von tragenden, aber ebenfalls durchbrochenen Quermauern unterbrochen war. Sie wurde *Loggia Foscara* genannt, nach dem Namen des Dogen Francesco Foscari, unter dem die Arbeiten ausgeführt wurden.
Wenn wir durch die innere Loggia von der Scala dei Giganti ausgehen, kommen wir an zahlreichen Löwenmäulern vorbei (an einigen von ihnen haben sich noch die Namen der zuständigen Behörden erhalten) und entdecken einen eleganten Gedenkstein, der von Alessandro Vittoria stammt und an den besuch des französischen Königs Heinrich III. im Jahre 1574 erinnert. Ein zweiter Gedenkstein erhält die Erinnerung an den Ablaß wach, den Papst Urban V. 1362 allen jenen gewährte, die in der später beseitigten Kapelle S. Nicolò für die im Palast festgehaltenen Gefangenen gebetet hatten. Hier öffnet sich das Portal der Scala d'Oro, hervorgehoben durch zwei herausragende Säulen und duch zwei Statuen von Tiziano Aspetti, darstellend «*Herkules, der die Hydra erschlägt*» und «*Atlas, der den Erdball trägt*».

101

sehr befriedigende Ergebnisse gezeigt, da es vielleicht nicht mit der Diskretion und Vorsicht angewandt wurde, welche die Behörden später an den Tag legten. Im Jahre 1387 legte ein Gesetz fest, daß anonyme Anzeigen ungültig seien, Anzeigen, die bearbeitet wurden, mußten nicht nur die Unterschrift des Anklägers, sondern auch jene von drei Zeugen tragen, denen die Republik Geheimhaltung zusicherte. Sie riskierten aber Strafverfolgung, wenn sich die Anzeige als falsch erwies. Die Avogadori di Comun mußten die Anzeige zuständigkeitshalber an den Rat der Zehn weitergeben, damit dieser über Fortsetzung oder Einstellung des Verfahrens entscheiden konnte.

97. Die Loggia Foscara, im Hintergrund die Insel von S. Giorgio.
98. Ein Löwenmaul.
99. Die Loggia Foscara gegen die Piazzetta.
100. Gedenkstein des Königs Heinrich III.
101. Die innere Loggia gegen die Scala d'Oro.

SCALA DEI GIGANTI

**EIN KOSTBARES
BAUWERK
VON ANTONIO RIZZO**

**AUF DER OBEREN RAMPE
WURDE DER DOGE
FEIERLICH
INTHRONISIERT**

104

102

103

Antonio Rizzo war auch der Schöpfer jenes architektonischen und bildhauerischen Juwels, das die *Scala dei Giganti* darstellt. Die Lage dieser neuen Struktur wurde dem Rizzo sicherlich von der Regierung nahegelegt, die nach einem alten Programm die Bauführung von funktionellen Erwägungen bestimmen lassen wollte. Zunächst ging es darum, eine direkte äußere Verbindung des Erdgeschosses mit dem Loggiengeschoß herzustellen, wie dies bei anderen Bauwerken bereits verwirklicht war. Das Tor «della Carta», der weite Säulengang und der Foscaribogen sind Episoden der Fortsetzung, aber nicht des Abschlusses. Der Portikus nach dem Tor della Carta lenkt den Blick auf den Hintergrund, wo die Stiege in vollem Lichte erscheint. Das Zusammenlaufen der Mittelachsen dieser

105

aufeinanderfolgenden Bauelemente, deren letztes der große Loggienbogen ist, bezeichnet die Linie jenes tatsächlichen und symbolischen Durchganges, der erst auf dem oberen Treppenabsatz der Scala dei Giganti seinen Abschluß findet. Nach dem Schatten des Säulenganges, den die seitlichen Öffnungen nicht zu zerstreuen vermögen, der Stiegenaufgang der Scala dei Giganti, eingeengt durch die hohen und bedrückenden Fassaden des Gebäudes. Er bringt die natürliche Sinngebung einer aufsteigenden Bewegung zum Ausdruck. Eine ideale Position, um zu beobachten und von allen jenen beobachtet zu werden, welche die ausgedehnten Innenflächen und die Loggien des Palastes füllen, um damit der Erfordernis der Öffentlichkeit zu entsprechen.
Die Treppe weist, abgesehen von ihrem architektonischen Wert, auch eine sehr interessante Reihe von Reliefs längs der Flanken, der Brüstungen und der Wände des Vorbaues auf.
Die Statuen, die Sansovino 1567 aufstellte, stellen Mars und Neptun dar, sie gaben dem Werke den Namen.

102. Der Hof gegen den Foscari-Bogen.
103. Die Scala dei Giganti.
104. Die Scala dei Giganti am Ende des Androne Foscari.
105. Detail der Dekoration der Scala dei Giganti.
106. Der obere Treppenabsatz der Scala dei Giganti mit den Statuen von Mars und Neptun.
107. Die Flanke der Scala dei Giganti.
108. Der Markuslöwe auf dem Zentralbogen der Scala dei Giganti.
109. Die feine Dekoration der Stufen.

SCALA D'ORO

Nach dem Brande des auf der Kanalseite gelegenen Palastflügels im Jahre 1483 ließ die Republik radikale und bedeutsame Restaurierungs- und Erneurungsarbeiten ausführen. Diese zogen sich durch viele Jahre bis über die Mitte des 16. Jh.s hin. Viele Bauteile wurden erneuert sowie neue Säle und Gänge geschaffen. Der ganze Flügel wurde sowohl planimetrisch wie auch architektonisch neu gegliedert. Man ersann gleichzeitig vertikale Verbindungsgänge, um die verschiedenen Säle direkt erreichen zu können. Gegen 1527 errichtete Scarpagnino in einer Aushöhlung zwischen dem Dogenpalast und dem Justizpalast eine Holztreppe, um die Säle der Pregadi und des Kollegiums bequem erreichen zu können.

Einige Jahrzehnte später, und zwar im Jahre 1554, denkt man daran, diese Treppe in Mauerwerk zu errichten. Die Pläne wurden von drei Gruppen von Architekten und Baumeistern vorgelegt, unter ihnen Palladio, Rusconi und Sansovino. Schließlich erhält der Entwurf des letzteren die Zustimmung der zuständigen Kommissionen, sicherlich werden auch die Vorschläge der übrigen Architekten in Erwägung gezogen worden sein.
Die Treppe hat eine komplexe Gliederung, denn bereits nach einer ersten Rampe und einem doppelten Treppenabsatz zweigen zwei weitere Rampen ab. Die auf der rechten Seite führt zurück gegen den Hof und bedient das Geschoß der Dogenwohnung sowie der Galerie, die zum Saale des Großen Rates führt. Die zweite Rampe geht geradeaus in Richtung zum Kanal, zu einem zweiten doppelten Treppenabsatz, dessen Kopfportale in die Scala del Magistrato alle Leggi der Quarantia Criminal führen.

110. Portal auf der Loggia der Scala d'Oro.
111. 112. 113. Gewölbedekorationen der Scala d'Oro.
114. Die Scala d'Oro.

Die Treppe nimmt dann ihren Fortgang zum zweiten Geschoß der Säle der Pregadi und des Kollegiums.
Wie man sieht, ist der Verlauf der Treppe sorgfältig erdacht und es fehlten anfangs auch nicht leidenschaftliche Diskussionen, welche die Ausführung gewiß verzögerten. Nachdem jedoch der Plan genehmigt war, tritt man sehr rasch an seine Ausführung, so daß 1558 die Rampen bereits bis zum Quadratischen Atrium fertig waren, wo wir das Datum eingemeißelt finden.
Die Ausschmückung ging jedoch langsamer vor sich und wurde erst 1566 beendet. Alessandro Vittoria, der 1559 den Auftrag erhalten hatte, und G. Battista Franco sind die Künstler, welche die überaus reiche Auschmückung der Gewölbedecke in weißem und vergoldetem Stuck planten und verwirklichten. In den einzelnen Feldern wechseln symbolische Figuren in Stuckrelief und in Fresko ab. Diese beiden Künstler sind dieselben, welche zur gleichen Zeit die Treppe der Marciana-Bibliothek fertigstellten. Das behandelte Thema ist die *Verherrlichung der Verteidigung von Zypern und Kreta,* während auf den höheren Rampen die von *guten Regierungen geforderten Tugenden* dargestellt sind. Im ersten Zyklus sind die ins Auge fallenden Episoden: die *Geburt der Venus,* die *Krönung der Königin von Zypern,* die *hl. Helena vor dem Kreuz,* der *hl. Markus mit den Gefangenen, Jupiter, Dädalus* und *Ariadne.*
Die beiden Statuen in den Nischen in Höhe des letzten Treppenabsatzes stellen den *Überfluß* und die *Barmherzigkeit* dar und sind Werke von Francesco Segala.

114

DOGENWOHNUNG

Vom ersten Treppenabsatz der Scala d'Oro führt eine kurze Rampe zur Galerie, ein breiter, 1541 angelegter Korridor, der auf der einen Seite auf dem Treppenabsatz der Zensorentreppe endet und von hier in den Saal des Großen Rates, auf der anderen Seite in die Räume der Dogenwohnung führt, die nach dem Brande vom 1483 zuerst von Antonio Rizzo und dann von Pietro Solari, genannt il Lombardo, unter den Dogen Giovanni Mocenigo, Marco und Agostino Barbarigo neu errichtet und restauriert wurden. 1492 müssen die Räume wieder bewohnbar gewesen sein, da Agostino Barbarigo in den ersten Monaten 1493 hieher übersiedelte.

SAAL DEGLI SCARLATTI

Dieser Raum diente ursprünglich als Vorzimmer für die Räte des Dogen. Von der alten Ausstattung hat sich nur die Holzdecke in Gold auf blauem Grunde erhalten, entworfen und geschnitzt von Biagio und Pietro da Faenza in den ersten Jahren des 16. Jh.s. Der kleine Kamin zwischen den beiden Fenstern, der das Barbarigo-Wappen trägt, ist architektonisches und bildhauerisches Werk von Antonio und Tullio Lombardo, ausgeführt um 1507. Über den beiden Türen sind zwei Marmorreliefs eingemauert. Das erste stellt den «*Dogen Leonardo Loredan auf den Knien vor der Jungfrau*» dar; das zweite stellt die «*Jungfrau mit dem Kinde*» dar.

114. bis Madonna mit dem Kind
115. Grimani-Saal: Holzdecke mit dem Markuslöwen (Detail).
116. Saal degli Scarlatti.
117. Holzdecke des Saales degli Scarlatti (Detail).
118. Sänfte, XVIII. Jh.
119. Relief, XV. Jh.

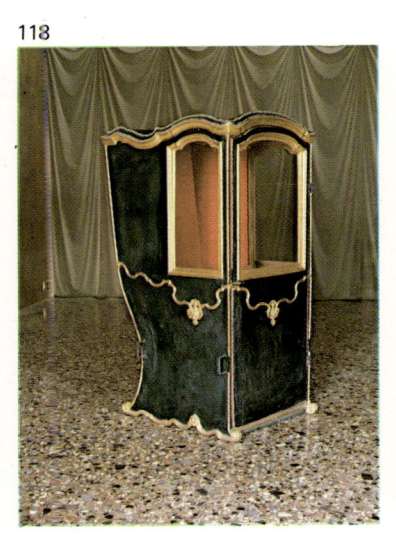

SAAL DELLO SCUDO ODER DELLE MAPPE

120
121

122

120. Saal dello Scudo: Detail der Landkarten.
121. Ein Globus.
122. Das Wappen des Dogen Manin.
123. Detail der Landkarten.
124. Der Saal dello Scudo oder delle Mappe.
125. 126. 127. Details der Landkarten.

Die erste Bezeichnung rührt von dem Umstande her, daß hier das Wappen des im Amte befindlichen Dogen ausgestellt war. Jenes, das wir in der Mitte der Längswand sehen, gehörte dem letzten Dogen, Lodovico Manin. Der Saal, der entgegengesetzt zum Gebäude angelegt ist, erstreckt sich indessen in ganzer Tiefe vom Hofe bis zum Kanal, gegen den sich die Balkonfenster öffnen.
Die Decke ist eine bemalte Balkendecke, die Wände sind zur Gänze mit Landkarten bedeckt. Diese Dekoration wurde ein erstesmal von dem aus Treviso stammenden Kosmographen Giovan Battista Ramnusio um 1540 ausgeführt. Viel später, im Jahre 1762, wurden die Karten durch die heute bestehenden ersetzt. Francesco Grisellini wurde mit der Arbeit beauftragt, die er in kurzer Frist ausführte, wobei er sich für die Figuren und Schriften

123

124

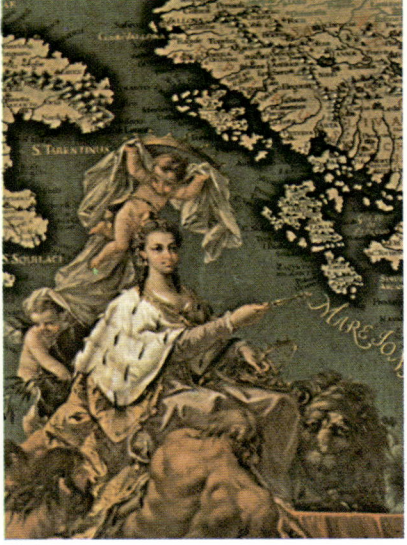

125

126

der Mitarbeit des Malers Giustino Menescardi bediente. Dargestellt sind viele Länder aus allen Kontinenten: *Kanada und Neufundland, Arabien, Palästina und Ägypten, Frankreich, Italien, Griechenland und Kleinasien, Island, Schottland und Skandinavien, Grönland, Nord- und Südamerika, die Inseln von Cap Verde, Ostindien und Amerika, Asien.* In der Mitte des Saales zwei große *Globen* des 18. Jh.s.

127

GRIMANI-SAAL

Vom Dogen Marino Grimani, der von 1595 bis 1606 regierte, stammt die Bezeichnung des Saales. Das Wappen seiner Familie finden wir in die Mitte der Decke eingefügt. Mit diesem Raume betreten wir die eigentliche Dogenwohnung; Säle und Zimmer folgen von hier an aufeinander.
Erhalten ist noch die wunderschöne Decke in Einlegearbeit in Gold auf blauem Grunde aus dem Ende des 15. oder den ersten Jahren des 16. Jh.s. Die Ähnlichkeit mit der Decke im Saal degli Scarlatti ist offenkundig und lenkt auf den Gedanken, daß auch diese Arbeit das Werk der Brüder von Faenza sei. Diese Annahme läßt uns das Datum der Ausführung auf die Zeit nach 1504 verlegen, dem Jahre, in dem wir die beiden Schnitzer in Venedig an der Arbeit wissen. Ein Fries läuft rund um die vier Wände und ist von symbolischen Darstellungen von Andrea Vicentino gebildet. Die Figuren stellen *Venedig,* die *Architektur,* die *Geographie,* das *Gesetz* usw. dar. Der mit kostbaren Reliefs und eleganten kleinen Säulen geschmückte Kamin ist das Werk der Lombardo, während der darauf gesetzte Stuckkamin später unter dem Dogen Pasquale Cicogna (1585—1595) hinzugefügt wurde. An den Wänden zwei Bilder von Gerolamo Bassano (?): «*Der Aufstieg auf den Kalvarienberg*» und «*Die Darstellung im Tempel*».

128. Grimani-Saal: Holzdecke mit dem Wappen der Familie.
129. 130. Allegorische Figuren des Frieses.
131. Der Erizzo-Saal.
132. Donato Veneziano: Schreitender Löwe.
133. Donato Veneziano: Detail des Propheten.

ERIZZO-SAAL

Der Saal hat die gleichen Eigenheiten wie der vorherige. Die etwas einfachere Decke behält die gleichen kreisförmigen Motive bei; die Einlegearbeit in Gold auf blauem Grunde wurde also in den ersten Jahren des 16. Jh.s ausgeführt. Der Kamin ist noch ein Werk der Lombardo, wie auch jene, die wir in der Folge sehen werden. Etwas unausgewogen ist jedoch die reichgeschmückte Stuckkappe aufgesetzt, wo in der Mitte das Wappen des Dogen Francesco Erizzo (1631—1646) erscheint. Auf ihm geht nämlich die endgültige Einrichtung des Raumes zurück. Der Fries, der von fortgesetzten Malereien gebildet wird, wurde zwischen 1633 und 1638 von G. Battista Lorenzetti ausgeführt und stellt eine Reihe von *Putti* in verschiedenen Haltungen und von *Kriegstrophäen* dar. Eine der Szenen spielt auf die Ernennung des Erizzo zum Provveditore Generale da Mar an. Hier sind nämlich außer dem Wappen auch darauf hinweisende Symbole, wie der Kommandostab, der Schild und im Hintergrund das Achterdeck einer Galeere zu sehen. An der Wand ein Bild aus der Werkstätte von Jacopo da Ponte il Bassano, das die biblische Episode von der «*Arche Noah*» darstellt.

SAAL DEGLI STUCCHI ODER PRIULI

Der Doge Lorenzo Priuli, der von 1556 bis 1559 regierte, nahm die erste Gestaltung des Saales vor, doch hat sich hievon nur wenig erhalten. Auf dem sehr einfachen Kamin in farbigem Marmor sieht man sein Wappen, während jenes von Pietro Grimani (1741—1752) in die Mitte der Decke gesetzt wurde. In jener Zeit wurde die Gestaltung des Raumes völlig geändert durch die Ausführung der Stuckdekoration an den Wänden wie auch an der Decke, die dabei eine ungewöhnliche Kielform erhielt. Die Reliefs sind durch Blumenmotive wie auch durch sorgfältig ausgeführte Karyatiden-Figuren gebildet. Hinzugefügt wurden dann noch verschiedene Gemälde mannigfacher Herkunft und Größe:
Jacopo Tintoretto: «*Bildnis von Heinrich III.*», ausgeführt anläßlich des langen Besuches, den der Monarch 1574 Venedig abstattete.
Giuseppe Porta, il Salviati: «*Der Aufstieg auf den Kalvarienberg*», «*Das Gebet im Garten*», «*Die Beschneidung*», «*Noli me tangere*», «*Die Hl. Familie*».
Leandro da Ponte, Bassano: «*Die Anbetung der Hirten*».
Antonio il Pordenone: «*Der tote Christus von Engeln getragen*». Bonifacio Pitati il Veneziano: «*Die Anbetung der Weisen*», gemalt gegen 1520.

134. Der Priuli-Saal oder Saal degli Stucchi.
135. Antonio Pordenone: Der tote Christus wird von Engeln gestützt.
136. Jacopo Tintoretto: Porträt Heinrichs III.
137. Bonifacio Pitati: Die Anbetung der Weisen.
138. Der Philosophensaal.
139. 140. Tizian: Der hl. Christophorus.

PHILOSOPHENSAAL

Der lange Raum steht in direkter Verbidung mit der Sala delle Mappe, planimetrisch in der üblichen Anordnung eines «T». Auf der anderen Seite öffnet er sich mit einem Balkonfenster auf den kleinen Hof der Zwei Brunnen hinter der Apsis der Markusbasilika. Der Saal nahm auch die Ausgänge der übrigen an seinen Längswänden angeordneten Zimmer auf, wobei hier das Schema der Patrizierwohnung wiederholt wurde.
Der Saal hat eine bemalte Balkendecke; die Wände sind mit wenig wertvollen Stukkaturen, ausgeführt im 18. Jh. unter dem Dogen Marco Foscarini, geschmückt. Sie umrahmen Bilder unbekannter Autoren mit nicht ganz klaren allegorischen Bedeutungen, die früher in der Sala della Quarantia Criminal waren. Außerdem finden wir hier Bildnisse der Dogen *Vitale Michiel I.*, *Vitale Michiel II.* und *Domenico Michiel* in Lebensgröße, ferner eine «*Hl. Familie*» eines unbekannten Autors.
Die erste Türe vom Eingang rechts führt auf die kleine Treppe, die der Doge benützte, um sich direkt von seiner Wohnung in die Säle des Senates und des Kollegiums zu begeben. An der Innenwald oberhalb der Türe das Fresko, das Tizian 1524 malte; es stellt den «*Hl. Cristophorus*» beim Durchqueren eines angeschwollenen Flusses dar.

141

142

143

ERSTER PINAKOTHEKSAAL

Es ist der erste der gegen den Kanal hin gelegenen Räume der Dogenwohnung. Da die Inneneinrichtung völlig verlorengegangen ist, wurde er jüngst als Pinakothek eingerichtet.
An der linken Wand das Bild von Giovanni Bellini «*Christi Beweinung*». Der tote Körper ragt mit der oberen Hälfte aus dem Grabmal und wird von der Madonna und dem hl. Johannes gestützt. Die Dramatik der Szene wird durch den abgespannten Körper Christi und durch den Ausdruck des Leidens im Gesichte unterstrichen. Auf dem Vorderteil des Grabmales eine kleine Kartusche, auf der man den Namen des Künstlers liest: «IOHANES BELLINUS».
An der gegenüberliegenden Wand der «*Löwe von San Marco*» von Vittore Carpaccio. Das Bild wurde 1516 gemalt und stellt den schreitenden Löwen vor dem sehr interessanten natürlichen Hintergrund der Lagune und des Beckens mit der Piazzetta, dem Dogenpalast und der Basilika dar. Eine Kartusche trägt den Namen des Autors und das Datum: «VICTOR CARPATHIUS A. D. MDXVI». Carpaccio war der erste Maler, der die Stadt Venedig landschaftlich darstellte. Unten einige Wappen vornehmer venezianischer Patrizierfamilien aneinandergereiht. Von einem unbekannten Künstler ein kleines Bild mit der «*Betenden Jungfrau*» aus dem 14. Jh.

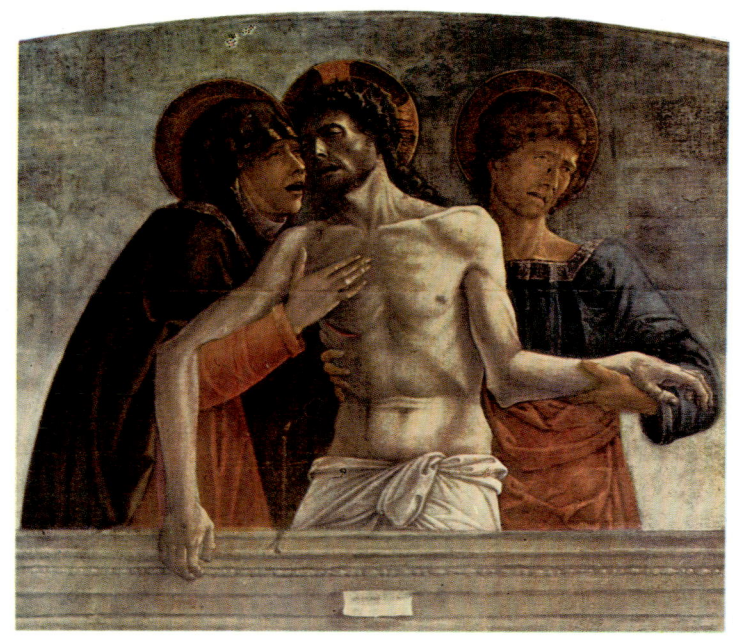

141. 142. 143. Vittore Carpaccio: Schreitender Löwe.
144. 145. 146. Giovanni Bellini: Beweinung Christi.

ZWEITER PINAKOTHEKSAAL

In diesem Saale sind die Tafeln von Hieronymus Bosch aufgestellt, gemalt im ersten Jahrzehnt des 16. Jh.s, die früher in dem kleinen Durchgangsraum zwischen den Sälen der Vier Tore und des Rates der Zehn ausgestellt waren.
Sie stellen dar: *Die Hölle*, *Die Himmelfahrt*, *Das irdische Paradies* und *Der Sturz der Verdammten*. Die dämonische Ikonographie, welche die malerische Welt des Künstlers charakterisiert, ist in enge Verbindung mit der bedeutendsten Literatur und nordischen Legendenwelt der Zeit zu bringen, die darauf aus war, das Wirken des in besessener Manier überall beobachteten Dämons zu bekämpfen. Ungewöhnlich die Darstellung des Himmels, gebildet von einer phantastischen, zylinderförmigen Höhlung, stark perspektivisch gestaltet durch konzentrische Streifen, immer heller werdend gegen den Hintergrund, von dem ein strahlendes Licht ausgeht, das die Seelen der Auserwählten unwiderstehlich anzieht.

147. Hieronymus Bosch: Triptychon der Eremiten.
148. 149. 150. 151. Hieronymus Bosch: Das Paradies.
152. Hieronymus Bosch: Die Hölle.

HIERONYMUS BOSCH

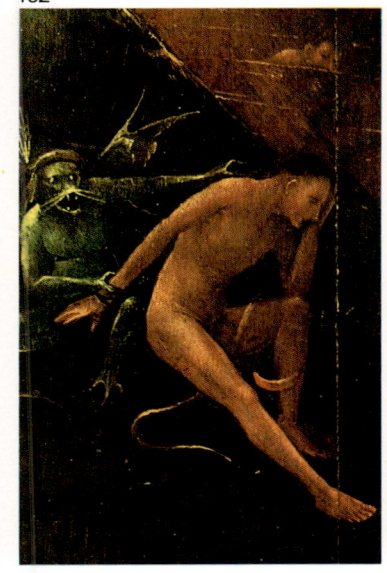

Vom gleichen Autor können wir noch zwei Triptychen, immer auf Tafeln, bewundern: «*Triptychon der hl. Liberata*» und «*Triptychon der Eremiten*».
Im ersteren schildert die Mittelszene die Kreuzigung der Heiligen. Diese erfolgte über Befehl des Vaters, des heidnischen Königs von Portugal, den der Maler vielleicht in der im Vordergrund sichtbaren Figur eines beleibten und gleichgültigen Zusehers darstellen wollte. In der linken Portella der hl. Antonius in gesammelter Haltung; auf dem von Dämonen eingenommenen Hintergrund eine brennende Stadt, aus der sich die Bewohner zu retten suchen. Im rechten Flügel die Landschaft eines Hafens, aus dessen Schlammfluten die Masten und Reste versunkener Schiffe herausragen.
Im zweiten Triptychon in der Mitte die betende Figur des hl. Hieronymus in seiner ganzen Verlassenheit, in den beiden Seitenflügeln die Hl. Antonius und Ägydius.
Im gleichen Raume zwei weitere hochinteressante Bilder

153

154

155

60

aus der Schule des Enrico Bles, il Civetta: «*Die Hölle*». Eine Stadt in Flammen, wo eine Horde unzähliger Dämonen von schreckeinflößendem Äußeren im Sinne der nordischen Legenden, eine Vermengung von menschlichen und tierischen Formen, ein schreckliches Blutbad anrichten.
Von Quintino Metsys: «*Der verhöhnte Christus*», dessen Figur als Ausdruck des ewigen physischen und moralischen Leidens erscheint.
Was die Gestaltung des Raumes betrifft, sind von der ursprünglichen Ausstattung nur mehr die Balkendecke mit Goldornamenten und zwischen den beiden Fenstern der kostbare Kamin mit dem Wappen der Barbarigo, ein Werk von Lombardo, erhalten geblieben.

153. 154. 155. 156. Hieronymus Bosch: Triptychon der hl. Liberata.
157. Quintino Metsys: Die Verhöhnung Christi.

158. 159. Civetta: Die Hölle.
160. Antonello de Saliba: Beweinung Christi.
161. Unbekannter Meister: Der Faustkampf.
162. 163. Domenico Tintoretto: Der Doge Giovanni Bembo und die Vertreter der Calegheri-Bruderschaft.

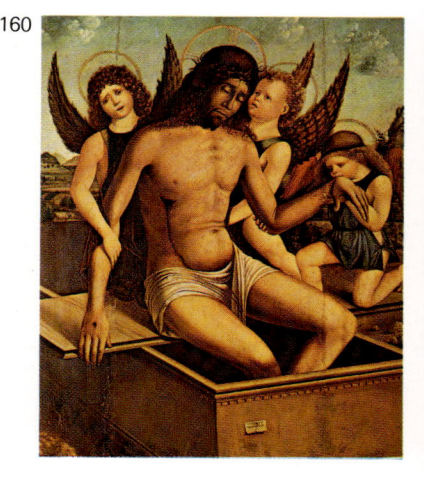

DRITTER PINAKOTHEKSAAL

Auch dieser Saal, der etwas kleiner als die vorherigen ist, birgt einen schönen Kamin, entworfen und gemeißelt von Antonio und Tullio Lombardo. An den Wänden zwei Gemälde: Boccaccio Boccaccino: *«Die Madonna mit dem Kinde»* und Antonello de Saliba: *«Christus beweint von den Engeln»*. Nach dem Verlassen des dritten Pinakothekssaales durchquert man den Landkartensaal in entgegengesetztem Sinne und tritt in das letzte Zimmer der Dogenwohnung.

SAAL DEGLI SCUDIERI

Die Bezeichnung dieses Saales stammt von seiner alten Funktion. In ihm hielten nämlich die Adjutanten und die Wachen des Dogen auf. Nichts ist geblieben von der alten Ausstattung, die mehrmals geändert und auch in jüngster Zeit neu gestaltet worden ist. Reich und sorgfältif ausgearbeitet das Portal gegen den Kartensaal. Einige Bilder verschiedener Herkunft wurden hier längs der Wände angebracht, während in der Mitte auf einer Staffelei das Bild *«Venedig und Neptun»* von Tiepolo Aufstellung gefunden hat. Es stammt aus dem Saal der Vier Tore, wo man es nur schlecht sehen konnte.
Die Bilder an den Wänden wurden fast alle für die Ämter der Avogaria ausgeführt: Jacopo Palma d. J.: *«Die Verkündigung»*. Domenico Tintoretto: *«Venedig, der Glaube und das Bildnis von drei Avogadori mit einem Notar»*; *«Der Doge Marino Grimani mit dem Ausschuß der Bruderschaft dei Calegheri»*; *«Der Doge Giovanni Bembo, der Vorsteher und die Vertreter der Bruderschaft dei Calegheri von der Jungfrau»*.
Pietro de Mera, genannt il Fiammingo: *«Die Jungfrau mit dem Kinde und das Bildnis von drei Avogadori»*.

161

162

163

QUADRATISCHES ATRIUM

Unter dem Dogen Gerolamo Priuli (1559—1567) wurde dieser Saal restauriert und in seiner Innendekoration neu geordnet. Die neue vergoldete Holzdecke enthält in ihrem achteckigen Mittelfeld das Bild von Tintoretto, auf dem der gleiche Doge dargestellt ist. Die Wände waren mit kostbaren roten Damasten, die heute verschollen sind, bespannt und mit vier Bildern von Tintoretto geschmückt, die man heute in dem Antikollegiumsaal sehen kann. Das Quadratische Atrium stellt den Zugangsraum zum zweiten Stockwerk dar und wurde zum Abschluß der Scala d'Oro errichtet. Die Fenster öffnen sich auf den Hof. In diesem Saale verbrachte Casanova die Nacht während seiner Flucht aus den Bleikammern; im Morgengrauen wurde er an einem Fenster von den Hofwächtern erblickt, konnte aber trotzdem ausbrechen. Die rechte Türe führt in den Saal der Vier Tore, die kleine Pforte links zu einer Reihe von Ämtern, zu Treppen und geheimen Zugängen zu den Sälen des Rates der Zehn und der Tre Capi Inquisitori, zur Cancelleria Superiore, zur Folterkammer und zu den Bleikammern.

Hinter der an den Eingang angelehnten Tür fanden innerhalb vorgetäuschter Schränke eines kleinen Büros die einzigen Toiletten des Dogenpalastes Platz. Es sind Abtritte, gebildet von Abflußrohren, die aus der Mauer ausgemeißelt wurden; jeder kleinem Tür entspricht ein Rohr, von denen fünf nacheinander angebracht sind.

DIE GEMÄLDE DES QUADRATISCHEN ATRIUMS

An der Decke von Jacopo Tintoretto und seiner Werkstätte: «*Der Doge Gerolamo Priuli empfängt von der Gerechtigkeit die Waage und das Schwert*». In einfarbigem Helldunkel: «*Das Urteil des Salomon*», «*Die Königin von Saba vor Salomon*», «*Samson besiegt das Heer*», «*Esther vor dem König Ahasverus* (Xerxes)». Die Gemälde an den Wänden wurden im 18. Jh. angebracht: Paolo Veronese (Schule): «*Christus betet im Garten*». Werkstätte des Francesco Bassano: «*Der Evangelist Johannes schreibt die Apokalypse*». Gerolamo Bassano: «*Der Engel verkündet den Hirten die Geburt Christi*». Paolo dei Franceschi, genannt il Fiammingo: «*Adam und Eva werden aus dem irdischen Paradies vertrieben*».

SAAL DER VIER TÜREN

164. Jacopo Tintoretto: Der Doge Gerolamo Priuli und die Gerechtigkeit.
165. Paolo Veronese: Christus betet im Garten.
166. Gerolamo Bassano: Der Engel verkündet den Hirten die Geburt Christi.
167. Francesco Bassano: Der hl. Johannes schreibt die Apokalypse.
168. 169. Der Saal der Vier Türen.
170. Tizian: Der Doge Antonio Grimani vor dem Glauben.

Das Milieu spiegelt eindeutig seine Funktion als Wartesaal, als Raum der Begegnung und des Zuganges zu den angrenzenden Räumen. Diese seine Funktion wird durch die vier Tore unterstrichen, die sich symmetrisch an den beiden Längswänden öffnen und den Zugang zum Antikollegiumssaal und dann des Kollegiums, des Senates, des Rates der Zehn und zuletzt des Quadratischen Atriums vermitteln, das mit der Scala d'Oro verbindet. Außerdem unterstreichen die Mehrbogenfenster, welche die beiden Stirnwände in ihrer ganzen Länge mit Licht überfluten, doch stärker den Charakter eines Durchgangsraumes, der nicht für Wohnzwecke bestimmt ist. Der Saal wurde bei der Neustrukturierung des ganzen Gebäudeteiles nach 1483 gestaltet. Die Innenausschmückung erfuhr im Ablauf der Zeit verschiedene Änderungen, wurde aber nach 1574 völlig erneuert. Der Auftrag zur Restaurierung und Ausschmückung wurde Andrea Palladio anvertraut während Antonio Rusconi die Arbeiten leitete. Das Tonnengewölbe ist mit weißem, vergoldetem Stuck nach dem prunkvollen, aber raffiniertem Empfinden geschmückt, das Palladio nach Venedig brachte und das die früheren bemalten Balkendecken ablöste. Die

171. Tizian: Der Doge Antonio Grimani vor dem Glauben.
172, 173. G. und C. Caliari: Der Doge Cicogna empfängt die persischen Gesandten.
174. 175. G. Contarini: Die Venezianer erobern Verona.
176. 177. 178. Andrea Vicentino: Die Ankunft Heinrichs III. in Venedig.

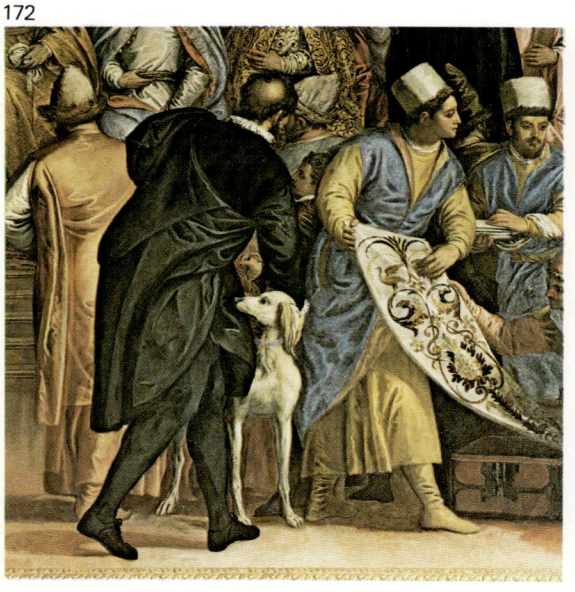

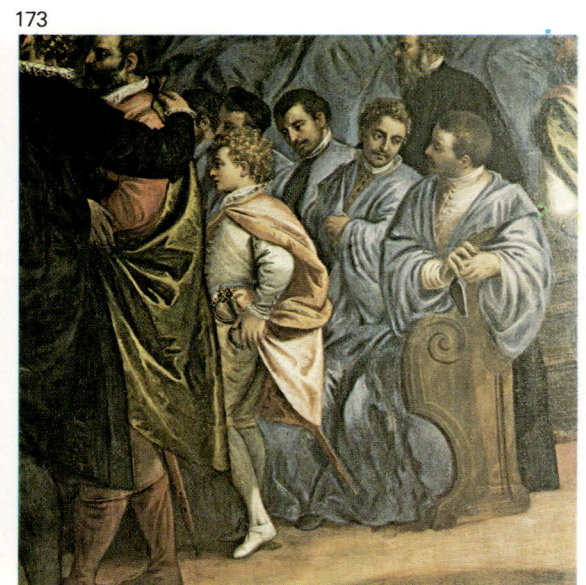

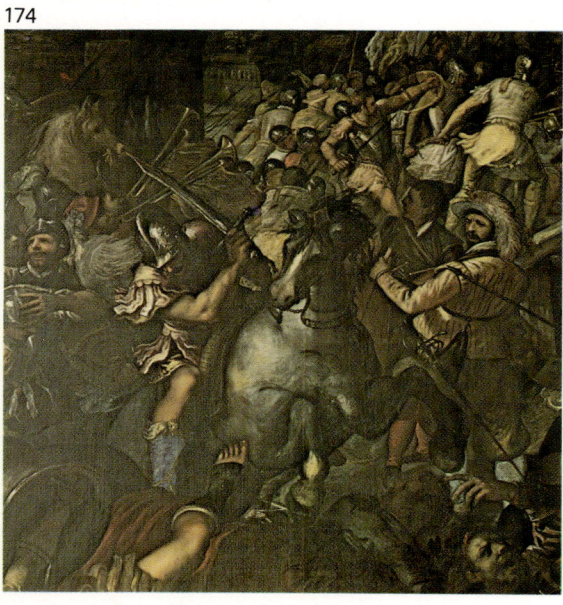

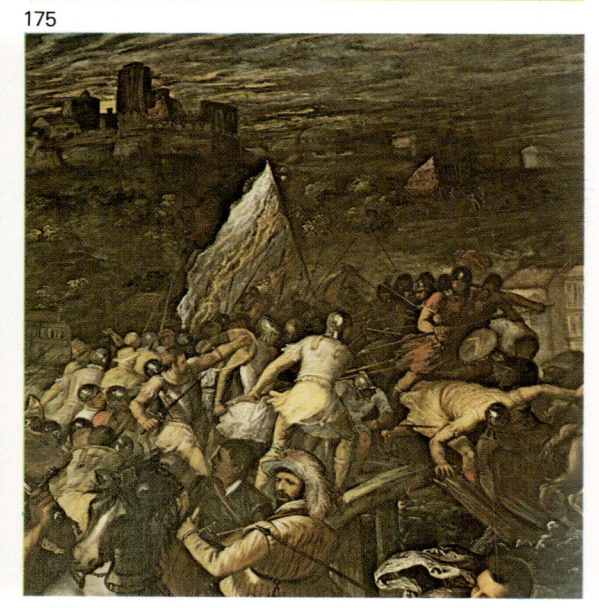

176 177

178

eigentlichen Stukkaturen wurden von Giovanni Cambi, genannt il Bombarda, geschaffen, während die Groteskmalereien das Werk eines Maestro Baldissera sind. Die Portale wurden nach einem Entwurf von Palladio aus zwei außerhalb der Mauern stehenden Säulen gebildet. Die Kapitelle wurden nach einer modernen Interpretation von einem gewissen Marcantonio gemeißelt. Die Statuen stellen jeweils dar: An der Tür zum Quadratischen Atrium: «*Das Geheimnis*» (gehüllt in einen weiten Mantel, in den sich die Gestalt hüllt), «*Die Treue*» (sie trägt in der Hand eine doppelte Flöte), «*Der Fleiß*» (mit Feder und Papyrus); Werke des Bildhauers und Stukkateurs Giulio del Moro. An der Tür zum Rat der Zehn: «*Die Religion*» (mit Sternenkrone), «*Die Gerechtigkeit*» (mit Rutenbündel), «*Die Autorität*» (mit Zepter); Werke des Bildhauers Francesco Castelli aus Lugano.
An der Tür zum Senat: «*Der Krieg*» (bewaffnet), «*Pallas*», «*Der Friede*» (mit Ölzweig); Skulpturen des Veronesers Gerolamo Campagna (1589—90).
An der Tür zum Kollegium: «*Die Beredsamkeit*» (mit Mond und Stab), «*Die Wachsamkeit*» (mit Hahn), «*Die Redegabe*» (mit Sperber); Werke von A. Vittoria.

179. 180. G. B. Tiepolo: Venedig und Neptun.

DIE GEMÄLDE DES SAALES DER VIER TÜREN

180

Die Deckengemälde sind durchwegs Arbeiten von Jacopo Tintoretto. In den drei großen Mittelfeldern: «*Jupiter übergibt Venedig symbolisch die Herrschaft über die Adria*», «*Juno bietet Venedig den Pfau und den Blitz an*», «*Venedig sprengt das Joch der Sklaverei*». In den anderen kleineren ovalen Feldern stellte Tintoretto symbolisch die Venedig unterworfenen Städte und Regionen dar: *Verona* (mit der römischen Arena) *Istrien, Brescia* (Waffen), *Padua* (Bücher), *Friaul* (Teller und Krüge), *Treviso* (Schwert auf der Spitze), *Vicenza* (Bodenfrüchte, *Altino* (Alte Ruinen).
Längs der Wände, beginnend von der Wand des Quadratischen Atriums: Giovanni Contarini: «*Der Doge Marino Grimani vor der Jungfrau*», gemalt Ende des

16. Jh.s. Tizian Vecellio: «*Der Doge Antonio Grimani vor dem Glauben*». Es scheint, daß das Gemälde vom Künstler bereits 1555 begonnen worden ist. Als er 1576 starb, hinterließ er das Werk unvollendet. Der Neffe Marco stellte es in den folgenden Jahren fertig und fügte, um es der Wand des Saales anzupassen, die zwei großen Seitenfiguren hinzu, die einem Fahnenträger und einen Propheten darstellen.
Giovanni Contarini: «*Die Venezianer erobern Verona*», gemalt zwischen 1595 und 1600. Die Episode fällt in den Krieg, den die Republik gegen das Herzogtum Mailand des Filippo Maria Visconti führte. Die Eroberung der Stadt erfolgte 1439; die venezianischen Truppen sind von Gattamelata, einem Söldnerhauptmann im Dienste der Republik, angeführt.
In der Höhe ober dem Fenster die photographische Kopie des Tiepolo-Bildes «Venedig und Neptun», dessen Original in dem Saal der Scudieri der Dogenwohnung ausgestellt ist.
Carlo und Gabriele Caliari: «*Der Doge Pasquale Cicogna empfängt die Geschenke der persischen Botschafter*» (1590—1595).
Andrea Vicentino: «*Die Ankunft des Königs Heinrich III. in Venedig*». Das große Gemälde ist als Dokument venezianischen Brauchtums und Lebens besonders interessant. Die große Zahl von dargestellten Persönlichkeiten, die Art der Kleidung, die Empfangsvorbereitungen wie der große, von Palladio geplante Triumphbogen beleuchten mit einer überreichen Fülle von Einzelheiten dieses historische Geschehen. Heinrich III., König von Polen, verläßt 1574 während der Nacht plötzlich Krakau, um nach Frankreich zur Krönung zurückzukehren. Eine Etappe seiner Reise ist Venedig.
Carlo und Gabriele Caliari: «*Die Botschafter von Nürnberg empfangen vom Dogen Leonardo Loredan das Gesetzbuch*». Das zwischen 1590 und 1595 angefertigte Gemälde zeigt einen Ausschnitt aus dem Kollegiumssaal, wo sich das Ereignis nach den Berichten der Historiker in den ersten Jahren des 16. Jh.s abspielte. Ober dem Bogenfenster gegen den Hof: Niccolò Bambini: «*Venedig beherrscht die Welt*».

SAAL DES ANTIKOLLEGIUMS

Dieser Saal diente als Vorraum für Botschaften und Delegationen, die darauf warteten, von der Regierung empfangen zu werden. Hier nahmen die ausländischen Diplomaten nach den Vorschriften des Protokolls Aufstellung und bereiteten die oft kostbaren Geschenke vor, die sie dem Dogen zu Füßen legten, ferner die bei den europäischen und italienischen Höfen akkreditierten Botschafter Venedigs, die Rektoren der Städte auf dem Festland, die Provveditoren und die Capitani «da Mar» bereiteten sich nach Rückkehr von ihren Missionen darauf vor, vor dem Kollegium ihre Berichte zu verlesen. Wir haben bereits erwähnt, daß der Saal planimetrisch und strukturell nach 1483 im Zuge jener Arbeiten gestaltet wurde, welche den ganzen Baukörper gegen den Kanal hin betrafen. Der Brand von 1574 zerstörte das Antikollegium erneut, doch wurde es sofort wieder restauriert und ausgeschmückt. Palladio und sein Mitarbeiter Antonio Rusconi schlugen eine Lösung vor, die von jener der anderen Säle verschieden war. Die verringerten Dimensionen des Raumes und seine verschiedenartige Funktion gaben die Anregung für ein mit Stuck und Fresken geschmücktes Deckengewölbe, das zwischen 1576 und 1577 unter der Leitung des Protus Antonio da Ponte ausgeführt wurde. Alte Dokumente überliefern uns die Namen von Alessandro Vittoria, Tiziano Aspetti und vor allem Vincenzo Scamozzi. Die Stukkaturen an der Decke in Weiß und Gold wurden anscheinend vom Stukkateur und Maler Marco del Moro ausgeführt.
An der Fensterwand wurde der Kamin mit Fries und Rahmen im ausgesprochenen Empfinden Palladios errichtet.

181. Der Saal des Antikollegiums.
182. Saal des Antikollegiums: Kamin.
183. 184. 185. 186. Paolo Veronese: Der Raub Europas.

Die beiden Telamonen sind bestgelungene Bildhauerarbeiten von Tiziano Aspetti, ausgeführt 1586. Die Initialen des gleichen Bildhauers finden sich auf dem mittleren Relief, darstellend «*Venus, die vom Vulkan Waffen für Äneas fordert*». Für den oberen Teil des Kamines, der der Kappe entspricht, wurde eine reichgeschmückte und fast zu sehr ausgearbeitete dekorative Lösung gewählt. Vincenzo Scamozzi könnte deren Urheber gewesen wein, indem er sich in der Phase der Verwirklichung einschaltete. Wenn man den Stil der Kaminstukkaturen genauer betrachtet, könnte man auf die Vermutung kommen, daß Scamozzi selber der Urheber der Deckenzeichnung ist.

Das Portal, das in den Kollegiumssaal führt, wurde in kostbaren Marmorarten errichtet: zwei aus der Mauer ragende Säulen tragen den Architrav, der mit Blumengewinden in Relief geschmückt ist. Der Rahmen des Tympanon ist von drei Statuen gekrönt, die von Alessandro Vittoria 1576 ausgeführt wurden. Sie stellen dar: «*Die Eintracht*», «*Venedig*» und «*Der Ruhm*». Früher einmal waren die Wände mit kostbaren Tapeten und vergoldeten Ledern, genannt «Cuoridoro», verkleidet. Diese wurden 1735 durch vier Bilder ersetzt, welche Tintoretto 1577 für den Raum des Quadratischen Atriums gemalt hatte und die zusammen mit den Bildern von Veronese und Bassano hieher gebracht worden sind.

187

188

72

DIE GEMÄLDE DES SAALES DES ANTIKOLLEGIUMS

Decke, achteckiges Feld: «*Venedig verleiht Ehrungen*» von Paolo Veronese um das Jahr 1578. Das Gemälde ist in der Vergangenheit oftmals ausgebessert worden.
Die übrigen ovalen Felder wurden von D'Angelo Marco del Moro in der Einfarbentechnik gemalt. Die Themen sind symbolischer Natur: «*Die Gerechtigkeit*», «*Die Schiffahrt*», «*Der Überfluß*», «*Die Überlegung*». Im Fries von Francesco Montemezzano: «*Das Schweigen und das Glück*», «*Jupiter und Pomona*» und «*Merkur und Minerva*».
An den Wänden vier prächtige Bilder von Tintoretto, die sich früher im Quadratischen Atrium befanden. Sie entstanden zwischen 1577 und 1578 und stellen dar: «*Merkur und die Grazien*», «*Die Schmiede des Vulkan*», «*Pallas entfernt Mars*», «*Die Auffindung der Ariadne*». Die Kompositionen wollen in ihrer Gesamtwirkung die vier Jahreszeiten darstellen.
An der Wand gegenüber den Fenstern ergänzen zwei weitere wichtige Bilder die kostbare Ausschmückung. Von Jacopo da Ponte il Bassano: «*Die Rückkehr des Jakob*» und von Paolo Veronese: «*Der Raub der Europa*» (1576 bis 1580).

187. 188. Jacopo Bassano: Die Rückkehr des Jakob.
189. Jacopo Tintoretto: Die Schmiede des Vulkan.
190. Jacopo Tintoretto: Merkur und die Grazien.
191. Jacopo Tintoretto: Die Auffindung der Ariadne.

KOLLEGIUMSAAL

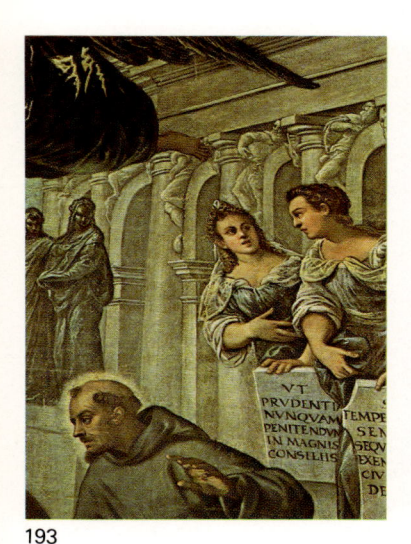

In diesem Saale tagte die Behörde, die «Pien Collegio» genannt wurde und aus der Signoria (Regierung) gebildet wurde, bestehend aus dem Kleinen Rat (der Doge und sechs Berater des Dogen), aus den drei Vorstehern der Quarantia und aus den drei «Zonte», gebildet von den Weisen des Rates oder Großen Weisen (sechs Patrizier, die sechs Monate im Amte waren), aus den Weisen des Festlandes (der Zahl nach fünf, gewählt alle sechs Monate vom Körper des Senates), aus den Weisen der Orden (auch sie der Zahl nach fünf, aber nicht notwendigerweise aus den Senatoren gewählt, die sich mit der Seefahrt befassen). Dieser Behörde stand die Aufgabe zu, die dem Senat zu unterbreitenden Materien vorher zu diskutieren. Sie hatte außerdem den schwierigen Auftrag, mit der Römischen Kirche zu verhandeln; außerdem war ihr ein Teil der rechtsprechenden Gewalt übertragen. Von 1526 an erfuhren die Befugnisse dieses Organes bedeutende Erweiterung, da es mit anscheinend formalen Funktionen wie der Erledigung von öffentlichen Ansuchen oder Staatsdekreten davon Abstand nehmen konnte, dem Senat gewisse Akten mitzuteilen, die seiner Ansicht nach geheimzuhalten waren. Ein weiterer Auftrag, der nach den manchmal zu behandelnden Materien zwar wichtig, im allgemeinen wegen des öffentlichen Charakters aber formal war, bestand darin, die ausländischen Delegationen, die nach Venedig kamen, zu empfangen und anzuhören. Diese öffentlichen Empfänge erfolgten immer im Kollegiumssaal, wo der Doge und seine von den Weisen, den Vorstehern des Rates der Zehn und vom Großkanzler umgebenden Berater auf der erhöhten Plattform des Tribunals bedeutende politische und kulturelle Persönlichkeiten, die Botschafter, die apostolischen Nuntien, die Legaten und die venezianischen Patrizier vor ihrer Abreise oder bei ihrer Rückkehr von

192. Der Saal des Kollegiums.
193. Jacopo Tintoretto: Der Doge Alvise I. Mocenigo dankt dem Erlöser (Detail).
194. Paolo Veronese: Die Mäßigung.
195. Jacopo Tintoretto: Die Eintracht.

Auslandmissionen empfingen. Der durch den Brand von 1574 zerstörte Saal wurde innerhalb kurzer Frist wieder vollständig erneuert. Die Schnelligkeit, in der dies erfolgte, ist eines der Hauptmotive, das zu jener Einheitlichkeit des Stiles führte, die wir sonst im Dogenpalast nur selten finden. Der Entwurf der reich geschmückten, in ihren wesentlichen Linien aber verhaltenen Decke, die architektonischen Strukturen, die Ausstattung und die Ausschmückung scheinen nach einem Projekt von Andrea Palladio ausgeführt worden zu sein, der sie zwischen 1575 und 1578 in Zusammenarbeit mit Giovanni Antonio Rusconi ersann. Die Ausführung der vergoldeten Schnitzarbeiten an der Decke, die bereits 1576 vollendet waren ist der Zusammenarbeit von Francesco Bello und Andrea Faentin zu danken. Das malerische Talent des Veronese, der die Decke mit einem großartigen Zyklus von Bildern vollendete, verleiht dem ganzen Milieu zusätzliche stilistische Einheit. Die Holzsitze und das Tribunal sind noch die ursprünglichen. Sie unterscheiden sich in der Tat von jenen aller anderen Säle, die später erneuert wurden, durch die klassische und elegante Linie der Karniese (Gesimsglieder) und den Reichtum des Gebälks am Sitze des Dogen. Die Einrahmung der Felder, die Kannelierungen der kleinen Säulen und die Laubgewinde sind zart vergoldet.

Der Kamin wurde zwischen 1585 und 1595 von Gerolamo Campagna mit seltenen Marmorsorten entworfen und zusammengesetzt. Dieser gestaltete auch die beiden Statuen, die *Hercules* und *Merkur* darstellen. Leiter der Arbeiten war der Palastprotus Antonio da Ponte, der sich die Wahl der verwendeten Materialen sehr angelegen sein ließ.

An der rechten Wand fügt sich zwischen die Bilder, die Tintoretto zwischen 1581 und 1584 malte, das große Ziffernblatt der Wanduhr ein, die sich in gleicher Höhe wie jene im Senatssaale befindet.

196. Paolo Veronese: Mars und Neptun.
197. Paolo Veronese: Die Sanftmut.
198. Paolo Veronese: Die Dialektik.
199. Die Decke des Kollegiumssaales.

NVNQVAM
DERELIC
TA

REIPVB
FVNDAMEN
TVM

CVSTO
DES LIBER
TATIS

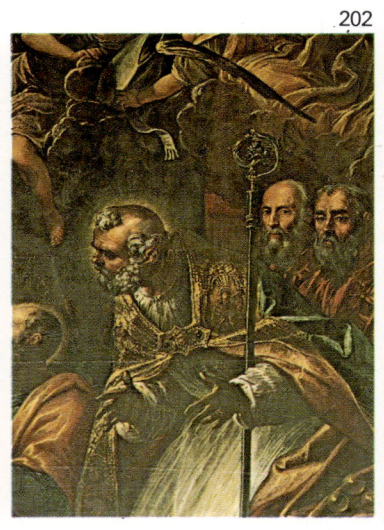

200. Jacopo Tintoretto: Die Vermählung der hl. Katharina.
201. 202. Jacopo Tintoretto: Der Doge Alvise I. Mocenigo dankt dem Erlöser.
203. 204. Paolo Veronese: Sebastiano Venier nach der Schlacht von Lepanto.

DIE GEMÄLDE DES KOLLEGIUMSAALES

Sämtliche Deckengemälde malte Paolo Veronese zwischen 1575 und 1577. Im Mittelstreifen: «*Mars und Neptun*», «*Der Glaube, Kraft der Republik*», «*Venedig auf dem Thron mit der Gerechtigkeit und dem Frieden*». In den anderen Feldern allegorische Figuren mit den Symbolen ihrer Tugenden: «*Die Belohnung*» (Zepter und Kronen), «*Die Mäßigung*» (Adler), «*Die Einfachheit*» (Lamm), «*Die Dialektik*» (Spinnengewebe), «*Die Sanftheit*» (Lamm), «*Die Wachsamkeit*» (Katze), «*Die Treue*» (Hund), «*Der Wohlstand*» (Füllhorn).

Ebenfalls von Paolo Veronese das Bild an der Wand ober dem Thron: «*Sebastiano Venier huldigt dem Erlöser nach der Schlacht von Lepanto*». Außer Sebastiano Venier ist darauf auch der Provveditore Agostino Barbarigo dargestellt. Ober dem Eingangstor Jacopo Tintoretto: «*Der Doge Andrea Gritti verehrt die Jungfrau*». An der Uhrwand von rechts nach links:
Jacopo Tintoretto: «*Die mystische Vermählung der hl. Katharina und der Doge Francesco Donà*», «*Der Doge Nicolò da Ponte ruft den Schutz der Jungfrau an*», «*Der Doge Alvise I. Mocenigo dankt dem Erlöser*». Dieses letztere Bild erinnert an die schreckliche Pest von 1576. Eine Reihe von einfarbigen Bildern ergänzt die Auschmückung des Saales. Von Jacopo Tintoretto: «*Die Eintracht*»; von Veronese: «*Hl. Sebastian*», «*Hl. Justina*»; von Carlo Caliari: «*Venedig und die Tugenden*», «*Die Politik*».

SAAL DER PREGADI ODER DES SENATES

**DIE WICHTIGSTE BEHÖRDE
DER REPUBLIK NACH
DEM GROSSEN RAT**

205

206

Diese Behörde wurde 1229 geschaffen und Consiglio dei Pregadi genannt, da ihre Mitglieder mittels schriftlicher Einladung gebeten (pregati) wurden an den Sitzungen teilzunehmen. Erst gegen Ende des 14. Jh.s findet sich in den Urkunden auch die zweite Bezeichnung «Senat», wenn gleichzeitig die Zahl der durch jährliche Wahl zu bestellenden Mitglieder mit sechzig festgesetzt wird. Zu den sechzig kamen dann noch die «Zonte» in variabler Anzahl, zuerst nur vorübergehend, später definitiv. Den Sitzungen des Rates wohnten außerdem auswärtige Mitglieder wie der Doge und die Berater des Dogen, die Beamten der Quarantia und des Rates der Zehn, die Avogadori di Comun, die Cataveri und die Provveditori

di Comun bei.
Die Zuständigkeiten des Senates waren verschiedenartig und vielfältig und vermehrten sich mit der Zeit. Die Versammlung erörterte alle Akte der Republik von politischer Natur, hatte im besonderen die Aufgabe, Kriege zu beschließen und zu erklären, außerordentliche wie auch ordentliche Beamte, so z. B. Provveditoren, Botschafter und Rektoren, ferner den Patriarchen, die Bischöfe und Prälaten der unterworfenen Städte zu ernennen. Der Senat ernannte weiters die Studienkommissionen zur Ausarbeitung von Plänen und Entwürfen für neue Gesetze sowie von Reformen auf dem Gebiete der Verwaltung, der Wirtschaft, der Justiz, des Gesundheitswesens, der Reinerhaltung der Gewässer

205. Der Saal des Senates.
206. Jacopo und Domenico Tintoretto: Der Triumph Venedigs.
207. Tommaso Dolabella: Der Doge Pietro Cicogna verehrt die Eucharistie.

usw. Gegen Ende des zweiten Jahrzehnts des. 16. Jh.s beschloß man die Neugestaltung und Vollendung der Innendekoration des Senatssaales in Angriff zu nehmen und beauftragte den Architekten Scarpagnino mit der Leitung der Arbeiten. Hinsichtlich der dabei verwandten Künstler kann man Vermutungen anstellen: so etwa arbeitete Vittore Carpaccio zu Beginn des 16. Jh.s als Maler, der Name von Giorgione erscheint zweimal auf Rechnungen aus den Jahren 1507 und 1508. Mit Sicherheit malte Tizian zwischen 1554 und 1556 eine «*Madonna, die den Leichnam Christi trägt*».
Auch dieser Saal wurde durch den Brand des Jahres 1574, der den ganzen Kanalflügel des Palastes erfaßte, schwer beschädigt. Er wurde in seiner ursprünglichen Gliederung wieder hergestellt und in der Innendekoration völlig erneuert. Die Arbeiten wurden später als in den vorigen Sälen begonnen und erst zu Ende des Jahrhunderts zu Ende geführt. Das Holzgestühl, das wir jetzt sehen, wurde jedoch im 18. Jh. ein zweitesmal erneuert. Das Werk der Wiederherstellung wurde der Leitung des Palastprotus Antonio da Ponte anvertraut. Der Veroneser Cristoforo Sorte entwarf das Deckenbild im Jahre 1578, doch zog sich die Verwirklichung so lange hinaus, daß Sorte 1582, da die Arbeit immer noch nicht vollendet war, von der Regierung entlassen wurde. Die Malerarbeiten wurden zwischen 1581 und 1595 ausgeführt. Die ursprüngliche Idee, längs der Wände eine große «Landschaftsbeschreibung der venetischen Staaten» anzubringen, ebenfalls ein Werk von Cristoforo Sorte, der nicht nur Dekorateur, sondern auch ein tüchtiger Kartograph war, wurde später aufgegeben. An der Stirnwand an den Fenstern zwei große Wanduhren, deren Zifferblätter mit den Tierkreiszeichen und Symbolen der Mondphasen geschmückt sind.

208. Jacopo Tintoretto: Der Doge Pietro Loredan verehrt die Jungfrau.
209. Jacopo Palma der Jüngere: Der Doge Venier stellt Venedig die unterworfenen Städte vor (Detail).

DIE GEMÄLDE DES SAALES DES SENATES

Im Mittelstreifen der Decke finden wir in der Mitte das große Gemälde von Jacopo und Domenico Tintoretto: *«Der Triumph von Venedig»*. In der Höhe die Figur der Venezia hingestreckt zwischen den Wolken, von den Göttern des Olymps umgeben.
In den beiden großen ovalen Feldern: Marco Vecellio: *«Die Provveditoren im Münzamt überwachen die Ausprägung der Zechinen»* (oberhalb des Thrones).
Tommaso Dolabella: *«Der Doge Pasquale Cicogna verehrt die Eucharistie»*.
Längs der Wände eine Reihe von Figuren in einfarbigem Grün innerhalb einer vorgetäuschten Nische; diese sind das Werk von Jacopo Palma d. J.
An der Wand oberhalb des Thrones malte Jacopo Tintoretto um 1590: *«Der tote Christus, angebetet von den Dogen Pietro Lando und Marcantonio Trevisan»*.
An der Wand der Uhren der Reihe nach:
Jacopo Palma d. J.:*«Der Doge Francesco Venier stellt Venedig die unterworfenen Städte vor»*. Die Figuren, welche die Städte darstellen, bringen als Geschenke Produkte ihres Landes: Udine (Reben und Weintrauben), Padua (Bücher zur Bezeichnung seiner berühmten Universität), Brescia (die Waffen aus seinen Fabriken) und Verona (die Wolle).
Jacopo Palma d. J.: *«Der Doge Pasquale Cicogna im Gebet vor dem Heiland»*. Die weibliche Figur, die in ihrer Hand die Zeichnung des legendären Labyrinths trägt, stellt symbolisch die Insel Candia (Kreta) dar.
Jacopo Palma d. J.: *«Allegorie der Liga von Cambrai»*. Das Bild bezieht sich auf den Kampf, den die Republik zu Beginn des 16. Jh.s gegen die in der Liga zusammengeschlossenen größten europäischen Staaten führen mußte. Venedig verlor innerhalb kurzer Zeit alle seine Besitzungen auf dem Festlande, und die Stadt selber war aus der Nähe bedroht. Der diplomatischen Geschicklichkeit der Venezianer gelang es jedoch kurz darauf die Unterzeichner der Liga zu teilen, unter ihnen am bedeutendsten Papst Julius II. und Spanien. Nach 1510 gelang es den venezianischen Heeren innerhalb kurzer Frist die Alliierten getrennt anzugreifen und alle verlorenen Gebiete zurückzuerobern.
Jacopo Robusti il Tintoretto: *«Der Doge Pietro Loredan betet zur Jungfrau»*. Das Gemälde ist eine Stiftung aus Anlaß der Beedingung der Hungersnot des Jahres 1569.
Ober der Tür:
Jacopo Palma d. J.: *«Die Dogen Lorenzo und Girolamo Priuli im Gebet vor dem Erlöser»*.
Zwischen den Fenstern:
Marco Vecellio: *«S. Lorenzo Giustiniani, erwählter erster Patriarch von Venedig, segnet die Menge in der Kirche S. Pietro di Castello»*.
Als man die Stühle an den Seiten des Thrones erneuerte, malte Gian Domenico Tiepolo 1775 die beiden einfarbigen Tafeln: *«Cicero hält seine Anklagerede gegen Catilina»* und *«Demosthenes hält seine Anklagerede gegen Äschines»*.

210. Marco Vecellio: Die Provveditoren des Münzamtes überwachen die Ausprägung der Zechinen.

DIE VORLAGEN FÜR DIE MOSAIKEN DER MARKUSKIRCHE VON SEBASTIANO RICCI

211. Marco Vecellio: ein Philosoph.
212. Die Uhr des Kollegiums.
213. 214. Sebastiano Ricci: Die Ankunft des Leichnams des hl. Markus in Venedig (Karton).

VESTIBÜL UND KIRCHE

Diese beiden Räume dienten ursprünglich als Ablagerungsräume des Museums, die von Domenico Grimani mit dem Palast verbunden und später 1593 in die Marciana-Bibliothek verlegt wurden.
An der Wand des Vestibüls öffnen sich gegenüber dem Eingang zwei Türen. Jene zur Linken führte in das Amt des Savio Cassiere, und von hier gelangte man durch einen anschließenden Gang in den Bankettsaal, der aus dem Gebäude der Kanoniker von San Marco (heute Sitz des Patriarchen) gewonnen wurde. Diese Gänge gibt es heute nicht mehr. Durch die zweite Tür gelangte man in die alte Kirche, die später zusammen mit anderen Räumen zur Aufnahme des Geheimarchivs der Republik bestimmt wurde. Im Vestibül befanden sich bis 1770 mehrere Bilder, von denen sich heute nur mehr der Karton des Ricci für das Mosaik der Markusbasilika erhalten hat.
Unter dem Dogen Pasquale Cicogna schuf Scamozzi die Kirche, auf deren Altar eine interessante Skulptur von Jacopo Sansovino, welche die *Madonna mit dem Kinde* darstellt, Aufstellung gefunden hat. Die malerische Ausschmückung ist das Werk der Quadraturmaler Agostino und Gerolamo Mengozzi-Colonna, die zusammen mit Jacopo Guarana, dem Autor des Deckenfreskos, arbeiteten. Die Stiege an der Altarseite führt direkt in die Dogenwohnung hinunter.

DIE GEMÄLDE DES VESTIBÜLS

Jacopo Guarana: «*Allegorie der guten Regierung*» (Fresko, 1777), «*Die Gerechtigkeit*», «*Die Herrschaft*», «*Die Wissenschaft*» und «*Die Stärke*».
Sebastiano Ricci: Kartonentwürfe für das Mosaik der Kirche von San Marco, darstellend «*Episoden aus dem Leben des Evangelisten*».
Jacopo Guarana: «*Der Evangelist Markus zwischen symbolischen Figuren von Tugenden*» (Fresko, 1776).

215. 216. Jacopo Sansovino: Madonna mit dem Kind.

SAAL DES RATES DER ZEHN

DIE GEHEIMSTE UND MÄCHTIGSTE BEHÖRDE DER REPUBLIK

Die Behörde, die in diesem Saale ihren Sitz hatte, wurde 1310 aus Anlaß der Verschwörung des Baiamonte Tiepolo mit der Aufgabe errichtet, über die Schuldigen zu richten und zu urteilen. Sie wurde später als eine Art Sondergericht zur Überwachung der Staatssicherheit beibehalten und erhielt erst 1455 durch ein Dekret des Großen Rates stabilen Charakter. Die Behörde bestand aus 10 Mitgliedern, die jährlich vom Senate gewählt wurden, dazu kamen noch der Doge und die 6 Räte des Dogen. Außerdem wohnte den Sitzungen ein Avogadore bei, der die Möglichkeit hatte, die gefaßten Beschlüsse juridisch ungültig zu erklären und Mitglieder des Zehnerrates, die illegal entschieden hatten, unter Anklage zu stellen. Die Funktionen des Rates waren vielfältig und äußerst heikel; als Polizeiorgan war er sowohl auf politischem wie auf kriminellem Gebiete tätig. Er urteilte über politische Straftaten, Hochverrat und Spionage, hatte die Aufgabe, die Unversehrtheit der Bürger zu schützen, befaßte sich mit Duellen, privaten Gewaltakten und Waffenverwendung, überwachte die guten Sitten in der Stadt, regelte die Feste und öffentlichen Vorführungen. Außerdem war ihm die Aufsicht über die Rüstkammer des Palastes anvertraut. Der Zuständigkeitsbereich war so ausgedehnt, daß der Rat der Zehn oft auf Gebiete übergriff, für die er nicht zuständig war, wie etwa Verwaltung, Finanzwesen und auch Außenpolitik.
Gegen 1516 vollendet Scarpagnino die

217. Der Saal des Rates der Zehn.
218. G. B. Ponchino: Merkur und Minerva.
219. Paolo Veronese: Alter Orientale und junge Frau.

219

Restaurierungsarbeiten, die Pietro Lombardo unterbrochen hatte. Die Dekoration wurde um die Mitte des 16. Jh.s ausgeführt. Die in ihren Holzteilen 1553 vollendete Decke weist eine sehr einfache Gesamtzeichnung auf und ist in Felder unterteilt, die von geschnitzten Holzrahmen umgeben sind.
Die Ausführung der Malerarbeiten wurde G. Battista Ponchino anvertraut, der den noch sehr jungen Veronese zu Hilfe holte. Dieser wieder wollte seinen Schüler Zelotti um sich haben. Die Themen der Bilder, die vom Literaten Daniele Barbaro vorgeschlagen worden waren, sind symbolischer Natur und spielen auf die Funktion des Raumes an. Die Originaleinrichtung hat sich zum Teil erhalten, doch fehlen die Sitze der halbkreisförmigen Tribüne. Hier öffnet sich eine Geheimtüre, die in die kleinen Büros des Mezzanin und zu den dunklen und engen Treppen führt, über die man zu den Zellen des Dachgeschosses (Bleikammern) und des Erdgeschosses (Pozzi) gelangt.

220. Paolo Veronese: Venedig erhält von Juno den Dogenhut.
221. G.B. Zelotti: Janus und Juno.
222. Marco Vecellio: Der Frieden von Bologna (Detail).
223. Andrea di Jacopo: Jupiter fährt vom Himmel herab, um das Laster mit seinem Blitz zu treffen.

DIE GEMÄLDE DES SAALES DES RATES DER ZEHN

Die Decke wird durch 25 Felder verschiedener Form gebildet, welche Bilder enthalten. Deren wiederkehrendes Thema ist eine symbolische Darstellung der Grundsätze der guten Regierung und der Macht der Republik. G. Battista Zelotti: 12 einfarbig grüne Felder in dreieckiger, verschlungener Form stellen die Monate des Jahres dar. Der gleiche Künstler malte ebenfalls in der monochromen Technik die vier weiblichen Figuren, die *Morea, Candia, Zypern* und *Venedig* symbolisieren.
In der Mitte von Andrea di Jacopo «*Jupiter steigt vom Himmel, um Blitze gegen die Laster zu schleudern*». Es ist die Kopie eines berühmten Gemäldes von Veronese, das 1797 von den Franzosen verschleppt und nicht mehr zurückgegeben wurde.
Die vier ovalen Felder enthalten folgende Bilder:
G. Battista Ponchino: «*Neptun auf dem von Seepferden gezogenen Wagen*».
Paolo Veronese: «*Alter Orientale und junge Frau*». Außergewöhnlich die malerische Qualität des Bildes; die Komposition erreicht trotz der Einengung durch die ovale Form ein vollendetes Gleichgewicht der Flächen und Räume, die Farbe ist von seltener Leuchtkraft. Das Thema scheint symbolisch auf die alten und neuen Staaten anspielen zu wollen, die mit dem höchsten Tribunal der Zehn in Verbindung kommen.
G. Battista Zelotti: «*Venezia auf dem Globus sitzend und der Markuslöwe*».
G. Battista Zelotti: «*Janus und Juno*». Die Darstellung symbolisiert wahrscheinlich die Klugheit der Behörde der Zehn. In den vier rechteckigen Feldern:
G. Battista Ponchino: «*Merkur und Minerva*».
G. Battista Zelotti: «*Weibliche Figur im Begriffe die Ketten zu sprengen*».

Paolo Veronese: «*Venedig empfängt von Juno die Dogenmütze*». Auch dieses Gemälde wurde von Napoleon verschleppt und 1797 nach Belgien geschickt. Erst 1920 wurde es zurückgestellt und wieder an seinen alten Platz gebracht.
G. Battista Zelotti: «*Venus zwischen Mars und Neptun*». Das Thema ist eindeutig eine Verherrlichung der See- und Streitmacht von Venedig, symbolisch dargestellt durch die Venus.
An den Wänden unter dem Fries (unterbrochen von Inschriften und spielenden Putti, die Waffen, Banner, Krüge tragen und Instrumente spielen) von rechts nach links:
Francesco und Leandro da Ponte Bassano: «*Papst Alexander III. trifft sich nach der Schlacht von Salvore mit dem Dogen Sebastiano Ziani*». Das von Francesco begonnene und von seinem Bruder nach 1592 fertiggestellte Bild erinnert an eine historische Begebenheit, die bereits in einer Reihe von Bildern des Saales des Großen Rates ausführlich dargestellt ist, woran der Leser erinnert sei.
Antonio Vassilacchi l'Aliense: «*Die Anbetung der Hl. Drei Könige*».
Marco Vecellio: «*Der Friede von Bologna*». In der Mitte sind auf erhöhtem Throne Klemens VII. und Karl V. dargestellt, die sich 1529 in Bologna trafen, um den Frieden zu unterzeichnen. An dieser Begegnung nahmen viele der italienischen Staaten, darunter auch die Republik Venedig teil. Der Hauptplatz der Stadt mit der Kirke S. Petronio ist links vom Throne im Hintergrunde sichtbar.

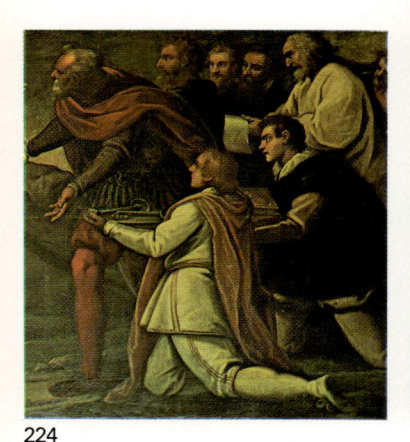

BUSSOLA-SAAL

Ihre Bezeichnung stammt von einem Holzeinbau in der Ecke rechts vom Eingang. Dieser verbirgt eine doppelte Türe, die in den Saal der drei Vorsteher führt, getarnt vor den oben beschriebenen Durchgängen. Der Saal hat planimetrisch eine zentrale Position, denn er vermittelt nicht nur den Zugang zu den zwei Gerichtssälen des Rates der Zehn und der drei Vorsteher, sondern steht auch in direkter Verbindung mit der Stiege der Zensoren. Ein Bild aus dem 18. Jh. vom Maler Bella zeigt uns den Raum voll von Leuten, die darauf warteten, von den Behörden als Zeugen, Ankläger, Verteidiger oder Angeklagte empfangen zu werden.
Die Ausschmückung wurde hier wie auch in den angrenzenden Sälen um die Mitte des 16. Jh.s (1550 bis 1555) erneuert. Zur Einrichtung gehören außer der charakteristischen Bussola die Holzdecken und der Kamin zwischen den beiden Fenstern, der nach dem Entwurfe von Jacopo Sansovino von dessen Schülern Danese Cattaneo und Pietro da Salò, den Autoren der beiden Telamonen, ausgeführt wurde.
Eingemeißelt sind die Insignien des Dogen Marcantonio Trevisan (1553 bis 1554). Neben der Türe das einzige Löwenmaul, das sich mit den beiden Holztürchen, die mit zwei Schlössern ausgestattet sind, erhalten hat.

229

DIE GEMÄLDE DES KOMPASSAALES

Das achteckige Mittelbild der Decke «*Der hl. Markus im Triumph*» ist eine von Giulio Carlini angefertigte Kopie des Originalbildes von Paolo Veronese, das ebenfalls 1797 von Napoleon verschleppt wurde.
An den Wänden oberhalb der Dorsale vom Eingang rechts an: Antonio l'Aliense: «*Die Einnahme von Bergamo*». Die Begebenheit ereignete sich 1427 während des Krieges, den die Republik gegen Filippo Maria Visconti führte.
Marco Vecellio: «*Der Doge Leonardo Donà verehrt die Jungfrau*».
Antonio Vassilacchi l'Aliense: «*Die Einnahme von Brescia*».

230

224. Antonio l'Aliense: Die Eroberung von Bergamo (Detail).
225. Der Saal der Bussola.
226. Giulio Carlini: Der hl. Markus in Glorie (Detail).
227. 228. Der Kamin.
229. Antonio l'Aliense: Die Eroberung von Bergamo (Detail).
230. Das Löwenmaul.

231

SAAL DEI TRE CAPI

232

233

DIE GEMÄLDE DES SAALES DEI TRE CAPI

G. Battista Zelotti: «*Die Tugend siegt über das Laster*» im achteckigen Mittelfeld. In den größeren viereckigen Feldern symbolische Darstellungen, die sich auf die Tätigkeit dieser Behörden beziehen.
Paolo Veronese: «*Die Bestrafung des Fälschers*».
G. Battista Ponchino: «*Die Gerechtigkeit siegt über die Rebellion*».
Paolo Veronese: «*Der Sieg triumphiert über die Sünde*».
G. Battista Ponchino: «*Der Sturz des Sakrilegs in den Abgrund*».

In diesem Saale hatte eine besondere Behörde ihren Sitz, die ihren Ursprung auf die Körperschaft des Rates der X zurückführte. Ursprünglich — vor 1539 — war es eine «Zonta» des Rates. Vom Beginn ihrer ersten Einsetzung wurden die Inquisitoren in der Regel jährlich in geheimer Wahl bestellt. Zwei von ihnen wurden aus den Zehn, der dritte aus den Räten des Dogen gewählt. Nach der Farbe der Toga nannte man die ersten die «Schwarzen», den dritten den «Roten». Die besondere Kompetenz dieser Behörde war die Verhütung von Anschlägen gegen den Staat wie Hochverrat, Enthüllung und Verbreitung von Geheimnissen, Spionage, üble Nachrede gegen die Regierung und die Beziehungen mit Ausländern. Die Inquisitoren überwachten die Integrität der Beamten, die Lebensführung der Patrizier und aller Bürger im Wege eines überaus wirksamen Informationsnetzes, so daß dieses Amt bald zu den gefürchtetsten zählte, weil hier uneingestandene Geheimnisse der Stadt hinterlegt waren. Die Restaurierungsarbeiten des Saales wurden von Pietro Lombardo begonnen und nach 1516 von Scarpagnino fortgesetzt. Der Saal zeigt sich heute mit erneuerter Einrichtung, da die früheren Bilder zum Teil verstreut wurden. Die Decke, der einzige Originalteil, wurde gegen Mitte des 16. Jh.s sowohl in den Holzteilen wie auch in den Malereien erneuert. Die letzteren führten Zelotti, Ponchino und Veronese zwischen 1553 und 1555 aus. Die Themen sind Anspielungen auf die Funktionen der drei Vorsteher.
Jacopo Sansovino entwarf den Kamin, Danese Cattaneo und Pietro da Salò meißelten die beiden Telamonen. Die eingemeißelten Insignien sind vom Dogen Marcantonio Trevisan.

231. Der Saal der tre Capi.
132. G.B. Zelotti: Die Tugend besiegt das Laster.
233. Kaminplatte.

SAAL DEL CAPO DEGLI INQUISITORI

234

235

Der folgende kleine Saal, genannt del Capo dell'Inquisizione, war wahrscheinlich das Büro des Inquisitors und Rates des Dogen, dem der Vorsitz über die Behörde der drei Vorsteher zustand.
Auch dieser Saal wurde wesentlich umgewandelt; die kostbare, Verkleidung der Wände in vergoldetem Leder ging verloren, die Decke wurde neu gestaltet mit dem Bilde «*Die Rückkehr des verlorenen Sohnes*» von Tintoretto in der Mitte.

Das achteckige Deckenbild ist ein Werk von Tintoretto und stellt «*Die Rückkehr des verlorenen Sohnes*» dar. In den rechteckigen Mittelfeldern vom gleichen Tintoretto, oder wahrscheinlicher aus der Werkstätte des Meisters, weibliche Figuren, darstellend *den Glauben, das Gesetz, die Gerechtigkeit* und *die Eintracht*.

234. 235. Jacopo Tintoretto: Die Rückkehr des verlorenen Sohnes.

RÜSTKAMMER

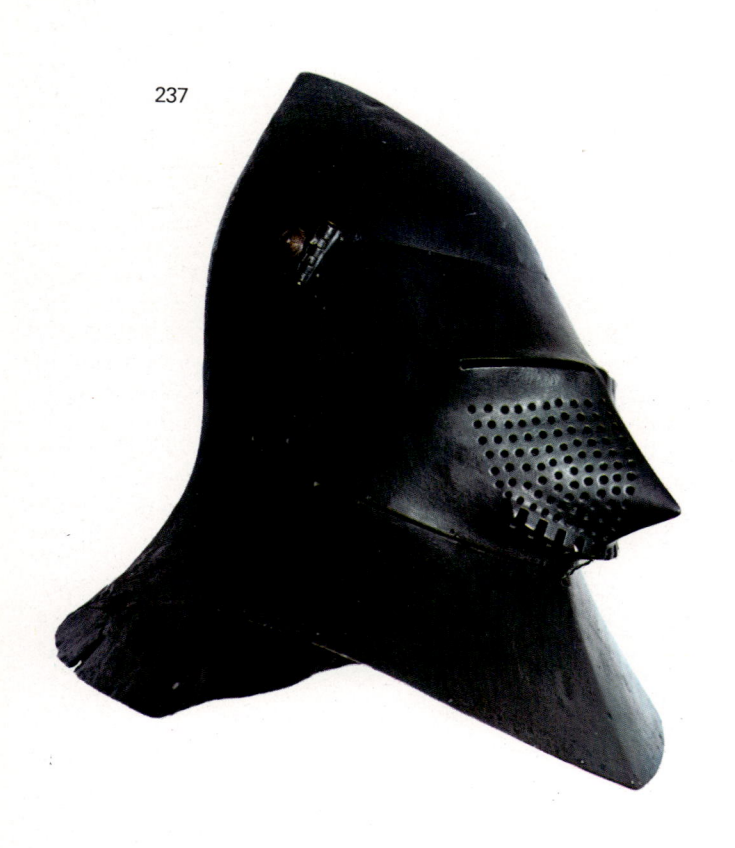

Die Republik Venedig, immer darauf bedacht, politische Stabilität zu erhalten, hat es für nötig gefunden, im Inneren des Palastes ein Waffenlager anzulegen, um jeder unangenehmen und unvorhergesehenen Möglichkeit zu begegnen. Sicherlich gab es bereits seit dem 13. Jh. und mit großer Wahrscheinlichkeit auch schon früher im Dogenpalast eine Rüstkammer. Die Aufsicht über dieses Waffenlager, das «Munition» genannt wurde, war dem Rate der Zehn anvertraut. Die Bedeutung, die der Rat der Rüstkammer beimaß, läßt uns vermuten, daß das Kriegsmaterial den Gegenstand eines kostspieligen Handels bildete und daß der Besitz von Waffen, dem entscheidende, aber leicht zugängliche Bedeutung zukam, ein außergewöhnliches Vorrecht darstellt, das nur in der Hand des Staates eine Position der Sicherheit und der Ruhe gewährleistet. Die Waffen waren nach den verschiedenen Epochen ihrer Zugehörigkeit in großer Anzahl nach Serien und Typen angesammelt und hatten die Eingenschaft praktischer Handlbarkeit. Im Laufe der Jahre kamen zu diesen verwendbaren Waffen weitere, die nur dekorative Bedeutung für Paraden und Umzüge hatten, ferner kostbare Antiquitäten und Beutestücke, die aus Friedensverträgen, Allianzen oder Kriegen eingebracht wurden. Ein Dokument aus dem Jahre 1317 gibt an, daß die Rüstkammer in dem alten Saal des Großen Rates untergebracht war.

236. Paradeschilder aus dem XVI. Jh.
237. Gespitzte Sturmhaube.
238. Die Reiterrüstung des Gattamelata.

238

Nach jenem Jahre wechselte der Unterbringungsort mehrmals aus der Notwendigkeit, neuen Raum zu gewinnen und besser geschützte, sichere Lokale zu haben. Gegen 1532 schritt man an die letzte Verlegung in die Säle, die auch heute noch diesem Zwecke dienen. Im Jahre 1609 entschloß man sich ein anderes Lokal im Untergeschoß heranzuziehen, das sich in nächster Nähe des Saales des Großen Rates befand und Rüstkammer, heute Saal des Guariento, genannt wird.

Niemand hatte Zutritt zur Rüstkammer außer dem Rüstungschef, der täglich die Schlüssel vom Sekretär der Zehn erhielt. Manchmal wurden die Rüstkammern auch von hervorragenden Persönlichkeiten besichtigt, dies aber nur auf besondere Beschlußfassung hin und immer nur in Begleitung von einigen Mitgliedern des Rates. Dem Rate oblag laut Gesetz die Verpflichtung zur periodischen Kontrolle und auch zur totalen Revision, um die Wirksamkeit der Waffen festzustellen.

Der Sturz der Republik führte zur teilweisen Auflösung dieser kostbaren Sammlung. Trotz der Entführungen und Plünderungen, die sich 1797 und später ereigneten, sind die Säle der Rüstkammer noch immer sehr reich dotiert.
Die Rüstkammer verfügt heute über 2031 einzelne Stücke, artmäßig unterteilt in blanke und Feuerwaffen, Waffen für Angriff und Verteidigung, für Kampf, Turnier und Parade. Es sind dies *Hellebarden, Piken, Sichelspieße, Sicheln, Beile, Hämmer, Schwerter* und *Degen* aller Art, *Morgensterne, Knieschutzscheiben, Schilder* aller Größen, *Brigantinen, Helme, Sturmhauben, Panzerhemden, Bögen, Armbrüste, Köcher, Fahnen* und *Standarten*.

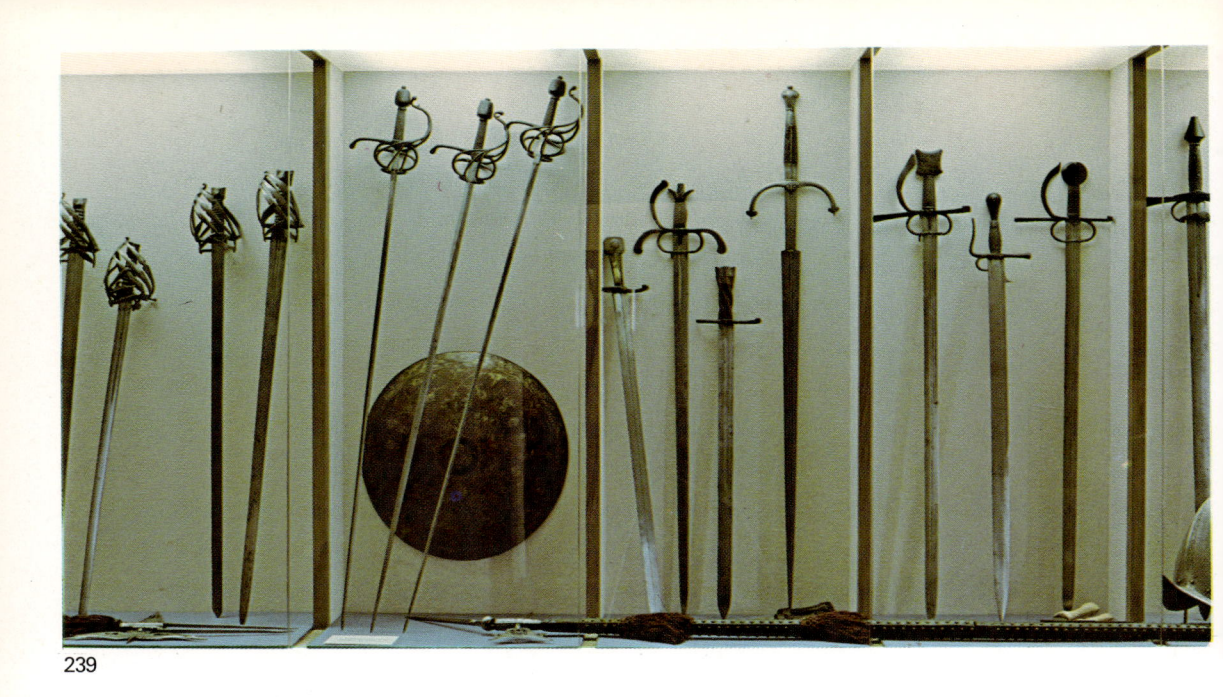

SAAL DES GATTAMELATA

Der *Reiterharnisch* auf dunklem Pferde wird nach Gattamelata genannt, da man seit alten Zeiten annimmt, daß er dem berühmten Söldnerhauptamnn Erasmo da Narni, Generalkommandant im Dienste der Republik von 1433 bis 1442, dem Jahre seines Todes, gehörte. Es ist sicherlich eine italienische Arbeit, die den Waffenschmieden aus Brescia zuzuschreiben ist. Vollendet in jedem Teile: die Sturmhaube mit Stoßkragen, das doppelte Visier, die Seiten- und Beinschienen raffiniert miteinander verbunden im Schwalbenschwanzsystem. Auf dem Brust- und Kniepanzer in vergoldetem, getriebenem Metall eine Gruppe von Tierköpfen, in der Mitte die Katze und an den Seiten das Profil von zwei Wölfen. Die zweite *Reiterrüstung* ist das Werk venezianischer Fabrikation aus dem 16. Jh.; sie gehörte dem Senator Francesco Duodo.

Die *gespitzte Sturmhaube,* die wir links vom Eingang sehen, ist wahrscheinlich eine italienische Arbeit aus der ersten Hälfte des 14. Jh.s. Sie ist eine große Rarität, sowohl nach Art wie auch nach Arbeit. In alten Urkunden heißt die Sturmhaube «*Visier des Attila*».

Die *beiden gemischten Stich- und Feuerwaffen* vom Typ einer Hellebarde, die im Schaft die Rohre einer Art Arkebuse verbergen, sind sehr seltene Exemplare. Ein anderes interessantes Stück ist die *vollständige Knabenrüstung* aus den ersten Jahren des 16. Jh.s. Sie wurde angeblich auf dem Schlachtfeld von Marignano (1515) gefunden.

239. Verschiedene Schwerttypen.
240. 241. 242. Visierhelme.
243. Der Saal des Gattamelata.
244. Turnierrüstung.

SAAL HEINRICHS IV.

In diesem Saale befinden sich einige Gegenstände bemerkenswerten künstlerischen und historischen Wertes.
In der Mitte eine *Colubrine* (Feldgeschütz), des Typs 9 Unzen, vollständig mit Fußgestell aus Nußholz und Originalzubehör. Das Geschützrohr ist mit Bronzereliefs in verflochtenen Blumenmotiven geschmückt, die Mündung ist vom Kopf eines phantastischen Schlangendrachens gebildet,

245. Luntenträger von G.B. Comino.
246. Mehrere Piken.
247. Der Saal Heinrichs IV.

während an der Seite eine Rundgruppe ist, welche einen drachentötenden Soldaten darstellt. Es ist ein italienisches Werk aus der ersten Hälfte des 16. Jh.s, zugeschrieben dem Alberghetti, dem berühmtesten Waffenschmied seiner Zeit.
Einen *Luntenträger* einer Arkebuse aus getriebenem und durchbohrtem Kupfer. Das Werk ist gezeichnet und datiert: GB Comino 1621. Der Verschluß mit einem Deckel in Form einer durchbohrten Kuppel enthält in seinem Inneren die Löcher für 106 Lunten.
Die *türkische Schiffsstandarte* an der Decke ist wahrscheinlich eine venezianische Kriegsbeute aus der berühmten Schlacht von Lepanto.
Zahlreiche doppelgriffige *Schwerter* am Gewehrständer an den Wänden. Zwei von ihnen tragen das Zeichen der berühmten Familie von Schwertschmieden aus Belluno, Giorgio und Giuseppe Giorgiutti.
Von den drei *Panzerhauben für Pferde* ist die erste schwarz bemalt und hat größere Ausmaße als die übrigen. Die zweite mit einer abgeschrägten und gezackten Rosette scheint ein Geschenk des französischen Königs Heinrich IV. an die Republik zu sein; die dritte mit vorspringendem Augenschutz und gewundenem Längsknoten gehörte dem Colleoni.
Die *Rüstung Heinrichs IV. von Frankreich,* ein Geschenk des Königs an die Republik aus dem Jahre 1603, hat die einfachen und glatten Eigenheiten von Kampfharnischen. Sie zeigt tatsächlich das Zeichen des Probestoßes, dem alle Rüstungen unterworfen wurden, bevor sie die Fabrik verließen. An der Brustseite ist in Gold das Emblem des Ordenbandes vom Hl. Geist eingeschnitten.

247

248. Helme und Pferdezierden.
249. Vergoldete Sturmhauben.
250. Verschiedene Hellebarden.
251. Persischer Schild.
252. Hellebarden, Morgensterne und Reiterrüstungen.
253. Die Reiterüstung von Heinrich IV.

253

SAAL DES MOROSINI

Er hat haute noch die Originalanordnung aus dem 17. Jh., wie aus einem Gemälde jener Zeit und aus zahlreichen Drucken ersichtlich ist. An der Rückwand die Büste des berühmten venezianischen Admirals Francesco Morosini, genannt Peloponnesiaco, ein Werk von Filippo Parodi, einem Schüler des Bernini. Unter den ausgestellten Stücken kommt besondere Bedeutung den beiden *Panzern mit Turniersturmhauben* aus der zweiten Hälfte des 15. Jh.s zu. Beide tragen an der rechten Schulter das Sforza-Emblem der drei verschlungenen Ringe und das Zeichen A.M. Es sind Werke, die dem Missaglia zugeschrieben werden, einer berühmten Familie von Mailänder Waffenschmieden im Dienste des Ascanio Sforza. Der vollständigste von beiden ist jener links, der gut 23 kg wiegt.
Ein anderes wertvolles Stück ist eine *Vorderlader-Arkebuse* mit 20 Rohren, die abwechselnd land und kurz und auf einer drehbaren Trommel befestigt sind. Die vor allem technisch interessante Waffe ist auf einer fixen Basis montiert und rotiert auf einem Drehzapfen, so daß man nach allen Richtungen schießen kann. Es ist ein Werk aus dem Jahre 1571, gezeichnet vom genialen Waffenschmied G. M. Bergamin.

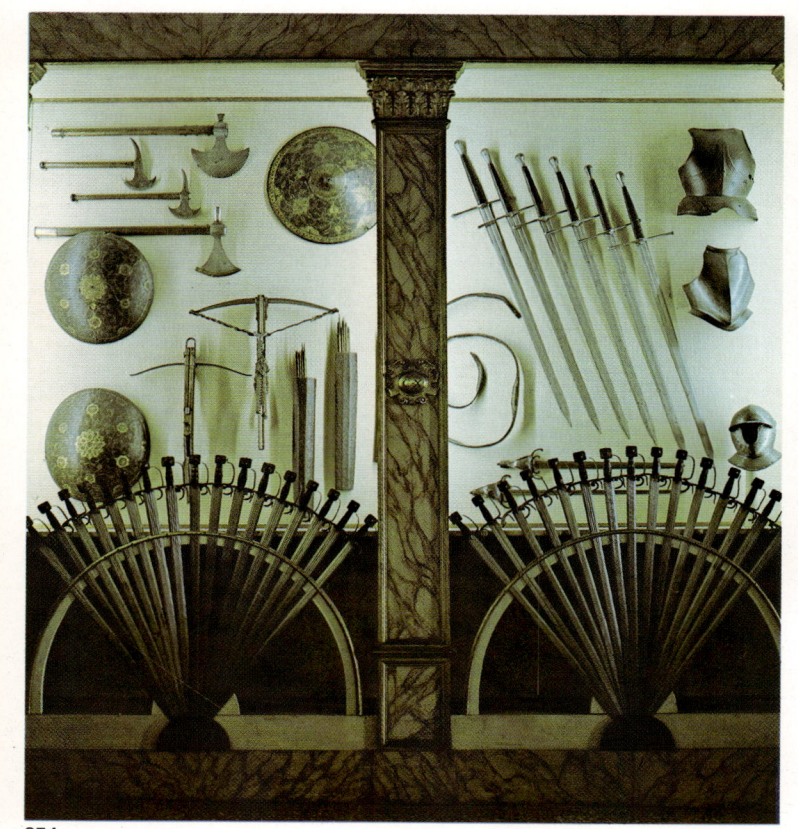

254

255

256

254. Äxte, Bögen, Pfeile, Schwerter.
255. Der Morosini-Saal.
256. Pferdepanzerhaube.
257. 258. Die Colubrine von Alberghetti (Detail).

257

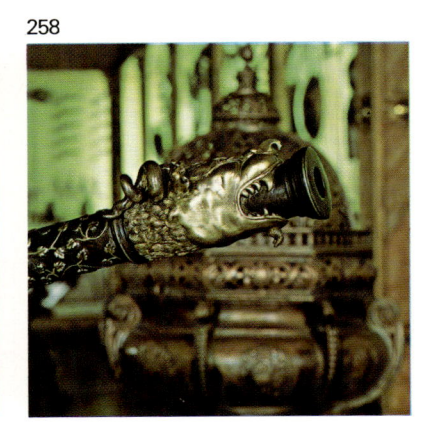

258

103

259

SAAL DER ARKEBUSEN

260

261

Er wurde später dem Antonio Bragadin gewidmet, dessen Bronzebüste das Werk von Tiziano Aspetti ist.
In der Mitte des Saales beim Fenster eine *kleine Kanone* oder *Steinschleuder* mit einem zylindrischen Bodenstück aus fünf Rohren nach Art eines Revolvers.
In diesem Saale sind zahlreiche Serien von Waffen verschiedener Art zusammengetragen: blanke Waffen wie *Schwerter* und *Degen* der verschiedensten Formen und Fabrikation. Ein venezianisches Schwert, genannt *Ochsenzunge,* eine Ableitung von der uralten «*Fünfergöttin»;* ein *venezianisches Schwert* aus dem 15. Jh., das auf dem Griff das Wappen der Familie Pesaro trägt; weitere Exemplare von Schwertern aus dem 16. und 17. Jh. haben auf der Klinge seltsame Leitsprüche eingeschnitten wie etwa PIPPO MI FE (Pippo machte mich) - VINCIT AUT MORI (Sieg oder Tod) - SI DEUS PRO NOBIS QUIS CONTRA NOS (Wenn Gott für uns, wer dann gegen uns) - JESUS MARIA usw. Außer der Marke angesehener italienischer und ausländischer Werkstätten finden wir die Namen ebenso berühmter Künstler eingeschnitten, so jenen des Antonio Piccinino auf einer sehr wohlgeformten Klinge, Hernanda und Tomaso en Toledo auf einem Schwert und einem Degen aus dem 16. Jh.
Feuerwaffen wie *Arkebusen, Pistolen, Pistoletten* und *Terzerole. Eine Trommel-Arkebuse* mit einer Repertieranlage für drei Schüsse, gezeichnet vom Waffenschmied Giorgio Bergamin, ist ein Werk aus der zweiten Hälfte des 16. Jh.s.
Zwei *Büchsen mit Feuersteinzündung* aus der

ersten Hälfte des 17. Jh.s sind Jagdwaffen polnischer Herkunft. Das lange Stahlrohr, das Hinterstück und der Schaft sind in Reliefarbeit mit *Kampfszenen und der Geschichte des verlorenen Sohnes* auf Flächen geschmückt.
Eine *Trommel-Arkebuse* aus dem Ende des 16. Jh.s, gezeichnet von Lazzaro Cominazzo. *Trommel-Pistoletten* aus Schlesien (Teschen, 1625). *Terzerole* mit zwei auf das Mittelstück auffällig *aufgesetzten Rohren*. *Trommelterzerole* mit aufgesetzten Rohren. *Pistolette* mit drei verschweißten und rotierenden Rohren.
Unter den gemischten Stich-, Hieb-, Wurf- und Feuerwaffen finden wir *zwei Stahlbeile* mit einem im Griff verborgenen Feuerrohr, *einen Säbel* mit einem Feuerrohr im Rücken der Klinge. Eine Armbrust trägt die Zeichnung des Waffenschmiedes eingeschnitten: Renaldo da Visin da Asolo, 1562.
Wir erinnern ferner an eine Reihe von zugespitzten und kampfförmigen *Sturmhauben*, von *Kniescheiben* und *Brigantinen*. Seltsame Waffen und Instrumente sind eine kleine *Armbrust* aus Stahl in der Länge von nur 25 cm, ein Eisenschlüssel mit einer Feder, um damit einen kleinen vergifteten Wurfspieß zu schleudern, und schließlich ein *Keuschheitsgürtel,* der in alten Verzeichnissen *«Eisengürtel der Gemahlin des Herrn von Padua»* genannt wird.
Wenn man die kurze Rampe, die zur Zensorentreppe führt, hinabsteigt, achte man auf das Schloß an der Tür der Rüstkammer mit den Zeichen «C. X.». Ein vorgetäuschter geheimer Nagelkopf löst das Schloß und gestattet die Umdrehung des Schlüssels. Über die Zensorenrampe erreicht man das Untergeschoß, in dem sich die großen Säle befinden.

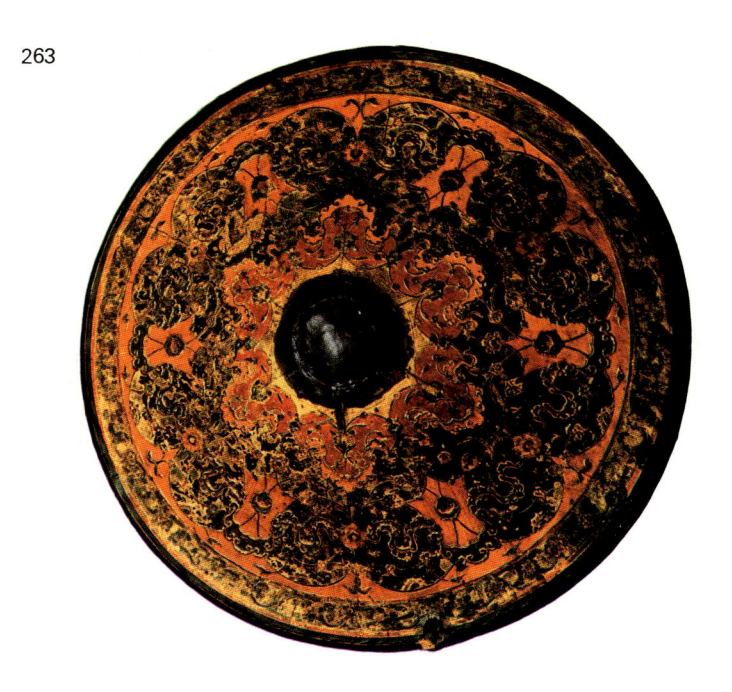

259. Der Arkebusensaal.
260. Persische Arkebusen.
261. Eine türkische Standarte.
262. Terzerole und Pistoletten mit einem oder doppeltem Lauf.
263. Paradeschild aus Leder.
264. Bemalter Schild aus dem XVI. Jh. und vergoldete Sturmhauben.

KORRIDOR DES GROSSEN RATES
LIAGÒ

«Liagò» in venezianischem Dialekt bedeutet Veranda oder ein durch zahlreiche große Fenster erleuchteter Durchgang. Das Vestibül und der Liagò fügen sich in der Form eines «L» zu einem Raum zusammen; die großen Spitzbogenfenster sind jene, die man vom Wasser her sieht und die als einzige die großen vierlappigen Marmorböden erhalten haben.
Im Korridor hat sich die bemalte und vergoldete Decke aus dem Ende des 16. Jh.s erhalten. Längs der rechten Wand sind zwischen zwei großen Toren, die sich zum Saal des Großen Rates öffnen, später fein gearbeitete Stühle hinzugefügt worden. Links finden wir nach dem großen Bogen der Zensorentreppe die Säle der Quarantia Civil Vecchia und der Rüstkammer, die jetzt umgewandelt ist und das Fresko von Guariento enthält.
Die Ausschmückung des Saales deutet auf eine übereilte und wenig systematische Wiederherstellung hin. Von Jacopo Palma d. J. *«Die Eintracht»* (einfarbig), *«Der Doge Marcantonio Memmo vor der Jungfrau»* und schließlich *«Die Religion»* (monochrom). Im Mittelfeld sind außer den Figuren des Dogen und der Heiligen Markus, Abt Anton, Ludwig und Rochus symbolisch auch die der Republik untertanen Städte dargestellt: Padua, Vicenza, Verona, Treviso, Brescia und Palmanova.
An der Stirnwand von Domenico Tintoretto: *Die Seeleute widmen der hl. Justina ein Schiffsmodell»*, *«Die Verklärung Christi»* und *«Der Doge Giovanni Bembo vor Venedig»* (die Bilder wurden von Domenico um 1620 gemalt). Ein letztes Bild, das *«Venezia knied vor der Junfrau»* darstellt, stammt von Sebastiano Bombelli.

265. 267. 268. Jacopo Palma der Jüngere: Der Doge Memmo vor der Jungfrau.
266. Der Liagò.
269. Der Saal der Quarantia Civil Vecchia.

268

SAAL DER QUARANTIA CIVIL VECCHIA

Der Rat der XL oder die Quarantia wurde vielleicht schon 1179 eingesetzt, aber erst später zu Beginn des 13. Jh.s klar abgegrenzt. Sein Name stammt von der Anzahl der Mitglieder, aus denen der Rat bestand, nämlich 40 Patrizier. Diese Behörde war das höchste Berufungsgericht gegen Urteile, die seitens der Behörden der Stadt, des Amtes des Dogen sowie von Dalmatien und den überseeischen Besitzungen ergingen.
Seine besondere Zuständigkeit bestand jedenfalls in der Fällung von Urteilen in schweren Kriminalfällen. Der Einfluß auf politische und administrative Angelegenheiten in Form eines Exekutivorganes schwächte sich mit der Zeit unter Herausbildung anderer politischer Organismen, darunter vor allem des Rates der Zehn, allmählich ab. Die Behörde qualifizierte sich immer stärker als Organ der Rechtssprechung, die immer ihr Virrecht blieb.
In Folge der Entwicklung der venezianischen Macht und der wachsenden Arbeitslast, die zu einer schädlichen Verzögerung der Prozeßführung führte, wurde die Quarantia zu verschiedenen Zeiten unterteilt

269

in die Quarantia Civil Vecchia, welche Zivilsachen von Venedig und des Amtes des Dogen behandelte; Quarantia Civil Nova, welche Zivilsachen der unterworfenen Provinzen der Republik behandelte; Quarantia Criminal, welche Straftaten, die sich in Venedig und im Dogenbezirk ereignet hatten, aburteilte.
Der Raum wurde in Ausschmückung und Einrichtung im 17. Jh. erneuert. Vom ursprünglichen Wandschmuck bleibt nur ein Fragment eines Freskos, das vielleicht den oberen Teil der Markusbasilika zeigt.

DIE GEMÄLDE DES SAALES DER QUARANTIA CIVIL VECCHIA

G. Battista Lorenzetti: «*Venedig erhält das Herrschaftszepter*» (um 1630); Andrea Celesti: «*Moses läßt das Goldene Kalb zerstören*» (um die Mitte des 17. Jh.s). Beide Bilder zeigen Wappen und Initialen von venezianischen Beamten, die der Quarantia angehörten. Vom gleichen Andrea Celesti: «*Das Blutbad an dem dem Götzendienst verfallenen jüdischen Volk*». Pietro Malombra: «*Die Verkündigung*» (ober dem großen Fensterbogen), «*Venezia erhört die Bitten seiner Bürger*». Das Bild wird durch ein kleines Kapitell, das bereits viele Jahre früher bestanden hatte, in zwei Teile geteilt.

270. 271. Andrea Celesti: Moses zerstört das goldene Kalb.

SAAL DER RÜSTKAMMER ODER DES GUARIENTO

Die Bezeichnung des Saales rührt daher, daß er ursprünglich ein Waffen- und Munitionslager enthielt und durch eine Treppe mit den darüber gelegenen Waffensälen des Rates der Zehn in Verbindung stand. Während der Sitzungen des Großen Rates wurde eine bestimmte Anzahl von Waffen, wie Pistolen und Arkebusen, immer geladen und schußbereit gehalten. Gegenwärtig enthält der Saal das alte Fresko von Guariento.

Guariento: «*Die Krönung der Jungfrau*». Das Fresko wurde 1903 von seinem ursprünglichen Standorte abgenommen und unterteilt in diesem Raume untergebracht. Die Reste zeigen den Erlöser, wie er die zu seinen Füßen hingestreckte Jungfrau krönt, den himmlischen Hof, Engel und Heilige, verteilt auf stufenförmig angeordnete Bänke. In den hinteren Reihen die vier Evangelisten, die Patriarchen des Alten Testamentes und die Propheten.

272. 273. 274. 275. Guariento: Die Krönung der Jungfrau (Details).

SAAL DES GROSSEN RATES

Bereits 1141 ist an der Seite des Dogen ein «Consilium Sapientum» als politisches Organ der «Comune Veneciarum» tätig. Der Wahlvorgang seiner Mitglieder ist anfangs nicht sehr klar, doch ist aus den wenigen uns zur Verfügung stehenden Daten die Absicht klar ersichtlich, die Wahl seiner Mitglieder auf eine gewisse Klasse, Reiche oder Adelige, zu begrenzen, jedoch rechtzeitig zu verhindern, daß sich die Macht in den Händen einer einzigen Person vereint. Im Jahre 1286 wurde vom Großen Rat selber ein Gesetz eingebracht, welches vorsah, daß zu ihm nur jener Adel zugelassen werde, der in den vorangegangenen Jahrhunderten einen väterlichen Ahnen hatte. Dieser Beschluß wurde erst 1297 genehmigt; diese politische Operation ist als «Aussperrung des Großen Rates» bekannt. Sie stellt eine entscheidende Wendung in der Geschichte der Serenissima dar. Nach der jährlichen Zusammenstellung des Verzeichnisses der Wählbaren, gebildet von den Namen aller jener, die dem Rate in den letzten vier Jahren angehört hatten, wurde mit Kugeln

abgestimmt, wobei zur Zulassung wenigstens zwölf Stimmen erforderlich waren. Einige Mitglieder von Familien, die zuerst ausgeschlossen waren, ließ man später durch Wahl zu. In der Folge wurde das System vervollkommnet und schriftlich niedergelegt, während das Alter für die Zulassung auf 25 Jahre festgesetz wurde.
Es liegt auf der Hand, daß die eingeführte Reform den Großen Rat schließlich in eine erbliche oder fast erbliche Versammlung umwandelte und damit dessen aristokratischen Charakter unterstrich. Eine weitere Verstärkung erfuhr dieser mit der Einführung des «Goldenen Buches», das den Zweck hatte, den Adel der Ratsmitglieder zu bescheinigen. Eine gewisse Milderung des ausschließlichen Charakters trat mit der Zeit, nicht allzulange nach der «Serrata», dadurch ein, daß man das Recht zur Zugehörigkeit auch jenen Bürgern einräumte, die sich besondere Verdienste in außergewöhnlichen Situationen, wie etwa bei der Verschwörung des Baiamonte Tiepolo, im Kriege von Chioggia, von Candia und gegen die Türken oder in den letzten Zeiten der Republik erworben hatten.
Ursprünglich übte der Große Rat die gesetzgebende und die vollziehende Gewalt aus. Erst mit der Aussperrung wurden viele seiner Befugnisse an andere Organe delegiert, vor allem an den Senat, doch verblieb ihm für ständig bis zum Sturze der Republik die gesetzgebende Gewalt. Er konnte außerdem Gnade gewähren, ratifizierte den Namen des Dogen, wählte die Senatoren, die Mitglieder der Quarantia, des Rates der Zehn, die Räte des Dogen, den Großkanzler, die Avogadori, die Provveditori, die Zensoren usw. Die Zahl der Mitglieder des Großen Rates vermehrte sich im Ablauf der Jahrhunderte von *300* auf über *1600*.

276. Der Saal des Großen Rates.
277. 278. Federico Zuccari: Kaiser Barbarossa huldigt Papst Alexander III. auf dem Markusplatz.
279. Saal des Großen Rates: Wand gegen den Hof.

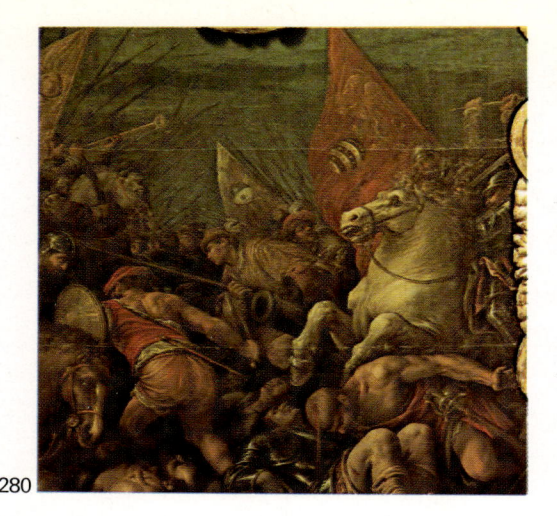

Wir haben bereits von der arkitektonischen Geschichte des Saales gesprochen. Die Jahre der Errichtung reichen von 1340 bis 1366. Es war 1365, als der Paduaner Guariento, ein geschätzter Maler, die Ausschmückung in Angriff nahm.
Dieser Künstler schuf an der Wand oberhalb des Thrones das große Fresko «*Die Krönung Mariä*», von dem trotz des Brandes viele, wenn auch kleine Teile erhalten sind. Dieses Fresko, das in Vergessenheit geraten war, wurde 1903 unter dem großen Gemälde von Tintoretto wieder aufgefunden und nach seiner Abnahme im angrenzenden kleinen Saal, genannt Rüstkammer, wieder angebracht. Das Werk dürfte um 1368 vollendet worden sein.
Die Regierung begann sich wieder 1382 ernstlich um die Vollendung des Saales zu kümmern und beauftragte damit die Prokuratoren von San Marco. Vielleicht hatte Guariento selbst bereits weitere Bilder gemalt, jedenfalls wechseln von da ab in dieser gewaltigen Arbeit der malerischen Ausschmückung viele Maler einander ab. Man begann zunächst mit einer Freskoserie, die dann später zum Teil durch Ölbilder ersetzt wurde, nachdem die erstere mittlerweile durch Feuchtigkeit und Zeitablauf zerstört wurde. Die Namen dieser Künstler finden wir in den alten Urkunden jener Zeit oder späteren Dokumenten, sehr oft kennen wir jedoch nicht das Ausmaß ihrer Mitwirkung. Es sind dies Antonio Veneziano, Gentile da Fabriano, Michelino da Besozzo, Pisanello, Alvise Vivarini (1499), Jacobello del Fiore und Gianbono.
Auf diese erste Periode intensiver Arbeit folgt eine lange Pause, begründet durch die politischen Ereignisse, in welche die Republik ernstlich verwickelt ist. Es ist die Zeit des Dogen Francesco Foscari und der Eroberung des Festlandes, auf welche dann gleich das Wiedererwachen und die territoriale Entwicklung der osmanischen Macht folgt, deren Heere 1453 Konstantinopel erobern.

**DER BAU
DES GROßEN SAALES**

280. Francesco Bassano: Der Sieg der Venezianer bei Maclodio.
281. Francesco Bassano: Der Sieg der Venezianer im Cadore.
282. Jacopo Palma der Jüngere: Der Sieg der Venezianer am Po bei Cremona.
283. Paolo Veronese: Die Apotheose von Venedig.

DER BRAND VON 1577 DES SAALES DES GROSSEN RATES

Erst nach 1470 wurde die malerische Ausschmückung des Saales des Großen Rates wieder aufgenommen, nicht allein um die noch fehlenden Teile zu ergänzen, sondern vor allem, um zu erneuern, was vom ersten Zyklus bereits verlorengegangen war. Es ist die Zeit der Bellini, Gentile und Giovanni, Alvise Vivarini, Carpaccio, Tizian, Pordenone, Tintoretto und Veronese. Nur die letzten beiden werden auch bei der Erneuerung der Saaldekoration nach dem *Brande von 1577* mitarbeiten. Damals hatte das Feuer erst dann mit Mühe gebändigt werden können, als es nahezu bereits die Ecke am Ponte della Paglia erreicht hatte. Der Brandherd hatte sich einige Stunden früher unter dem Saale dello Scrutinio bei dem Tor della Carta entwickelt. Namhaft beschädigt wurden die Mauerteile und die architektonischen Elemente der Fenster, völlig zerstört die Holzteile des Dachstuhles und der Dachräume wie auch die Malereien und Fresken an den Wänden sowie die Einrichtung. Die Stabilität des Gebäudes selber schien derart bedroht, daß man entgegen der venezianischen Gewohnheit die Möglichkeit ins Auge faßte, das Gebäude zu demolieren und einen völlig andersartigen Neubau zu errichten. Es wurden zahlreiche Entwürfe vorgelegt, darunter auch jener von Palladio. Nach bewegten Diskussionen entschloß man sich mehrheitlich zur Restaurierung der beschädigten Teile und zur Beibehaltung des Grundrisses vom 14. und 15. Jh. Es wurde der Vorschlag von Antonio Rusconi angenommen, der die Wiedererrichtung der Räume ohne Neuerungen vorsah. Der Auftrag, die Themen der Malereien nach dem Brande zu studieren, wurde dem Mönch Girolamo Bardi und einer aus den beiden Provveditoren Jacopo Marcello und Jacopo Contarini gebildeten Kommission anvertraut. Zu dem bisher üblichen Thema des *Kampfes zwischen Papst und Reich,* unter Vermittlung der Republik Venedig mit den drei führenden Persönlichkeiten Alexander III., Friedrich Barbarossa und Sebastiano Ziani, fügten sie zum erstenmal zwei weitere wichtige Begebenheiten der venezianischen Geschichte: Die Geschicke des *vierten Kreuzzuges* und den *Krieg von Chioggia.*

Die Decke wurde nach dem Geschmacke der Zeit als Flachdecke mit großen, von Goldrahmen eingefaßten Feldern konzipiert, während sie früher die Dachbinder sehen ließ. Die Arbeiten wurden Cristoforo Sorte anvertraut, der auch den Entwurf lieferte und 1582 beendete. Der erste Auftrag zur Ausmalung erging an Tintoretto und Veronese im Jahre 1579; kurz darauf kamen Jacopo Palma d. J. und Francesco Bassano dazu. Für die Bildzyklen an den Wänden wurde mehr Zeit benötigt. Das um 1590 begonnene Werk wurde erst in den ersten Jahren des neuen Jahrhunderts beendet. Eigene Erwähnung verdient «*Das Paradies*» von Tintoretto, das vom Künstler zwischen 1588 und 1594 fertiggestellt wurde.

284. Francesco Bassano: Der Sieg der Venezianer bei Polesella (Detail).
285. Jacopo Palma der Jüngere: Die Eroberung von Padua (Detail).
286. Jacopo Palma der Jüngere: Venedig empfängt die unterworfenen Provinzen (Detail).

85

86

Links der VIERTE KREUZZUG UND DIE EINNAHME VON KONSTANTINOPEL (1201—1205).
Carlo Saraceni und Giovanni Leclerc: «*Der Doge Enrico Dandolo und die Führer des Kreuzfahrerheeres schwören in der Markusbasilika vor Beginn ihres Unternehmens, den Abmachungen treu zu bleiben*». Leclerc vollendet das Bild, das durch den Tod des Saraceni unvollständig geblieben ist.
Andrea Vicentino: «*Die Kreuzfahrer erobern die Stadt Zara*».
Domenico Tintoretto: «*Die Übergabe der Stadt Zara*».
Domenico Tintoretto: «*Die erste Übergabe von Konstantinopel*» (1203).
Andrea Vicentino: «*Der junge Alessio bittet den Dogen Enrico Dandolo um Hilfe*».
Jacopo Palma d. J.: «*Das Kreuzfahrerheer belagert Konstantinopel und nimmt es zum zweitenmal ein*» (1204).
Andrea Vicentino: «*Balduin von Flandern wird vom Dogen Dandolo und von den Fürsten des Kreuzfahrerheeres in Konstantinopel zum oströmischen Kaiser gewählt*».

DIE THEMEN DER GEMÄLDE AN DEN WÄNDEN:
DER VIERTE KREUZZUG
DER KAMPF ZWISCHEN BARBAROSSA UND ALEXANDER III.
DER KRIEG VON CHIOGGIA

Antonio Aliense: «*Die Krönung Balduins von Flandern zum Kaiser des Ostreiches*».

287. 288. Francesco Bassano: Die venezianische Flotte läuft gegen Barbarossa aus.
289. Paolo Fiammingo: Alexander III. segnet den Dogen Ziani vor der Abfahrt.
290. Andrea Vicentino: Der Doge Ziani empfängt den von Alexander III. gesegneten Ring.
291. Paolo Veronese: Die Belagerung von Scutari.

DIE GEMÄLDE DES SAALES DES GROSSEN RATES

Decke, Mittelstreifen:
Jacopo Tintoretto: «*Der Doge Nicolò da Ponte erhält von Venedig einen Lorbeerkranz*» (viereckige Abteilung in der Mitte).
In den beiden ovalen Feldern: «*Die Apotheose Venedigs*» von Paolo Veronese und «*Venezia, gekrönt von der Viktoria, empfängt die unterworfenen Provinzen*» von Jacopo Palma d. J.
Linker Seitenstreifen von der Eingangstür innerhalb rechteckiger Felder mit abgeschrägten Ecken oder verschlungenen Linien:
Paolo Veronese: «*Die Belagerung von Scutari*». Vom Jahre 1453, dem Jahre der Eroberung Konstantinopels, bis 1481, dem Jahre des Todes des türkischen Sultans Mohammed II., war Venedig gezwungen, viele seiner überseeischen Gebiete abzutreten und einige Verträge zu unterzeichnen, die für das in voller wirtschaftlicher und militärischer Entwicklung begriffene Osmanische Reich günstig waren. Die Verteidigung und Befreiung von Skutari, das von türkischen Armeen belagert war, erfolgten 1474 unter dem Provveditore Antonio Loredan.
Francesco Bassano: «*Sieg der Venezianer über das Heer von Ferrara bei Polesella*». Auf eine Abmachung zwischen Papst Sixtus IV., Genua und Siena beginnt Venedig einen siegreichen Feldzug gegen Ercole I., Herzog von Ferrara. Die Episode, auf die sich das Bild bezieht, ereignete sich 1482.
Jacopo Tintoretto: «*Sieg der Venezianer über das Heer von Ferrara bei Argenta*». Eine weitere siegreiche Episode aus dem Kriege gegen Ercole I. vom Jahre 1482.
Jacopo Tintoretto: «*Die Venezianer erobern Gallipoli*». Der Krieg, den Venedig um die Herrschaft von Ferrara führte, dehnte sich auch auf andere Regionen aus. Im Jahre 1484 eroberte die venezianische Flotte den wichtigen Hafen von Callipoli, der dann bei der Unterzeichnung des Friedens Ferdinando im Austausch für andere Gebiete zurückgegeben wurde.
Francesco Bassano: «*Die Venezianer schlagen die Truppen des Kaisers Maximilian in Cadore*». 1508 fielen des Kaisers Söldner in die Gebiete der Republik ein, wurden aber von den Venezianern in Cadore gestellt und besiegt. Kurz darauf bildet sich gegen die Republik die Liga von Cambrai.
Jacopo Palma d. J.: «*Die Eroberung von Padua*». Nachdem der kritische Moment des Krieges, ausgelöst durch die Liga von Cambrai, überwunden war, nimmt die Serenissima die Rückeroberung der Festlandsgebiete ein.
Francesco Bassano: «*Sieg der Venezianer über die Mailänder

290

291

292

293

in Casalmaggiore». Mit der Eroberung des Festlandes, die unter dem Dogen Francesco Foscari begonnen wurde, begann Venedig einen langen und aufreibenden Streit mit dem Herzogtum Mailand. Es ist eine ununterbrochene Reihe von Schlachten, von Allianzen und Friedensschlüssen, die bis zum Tode des Herzogs Filippo Maria Visconti im Jahre 1447 andauern. Der Sieg von Casalmaggiore von 1446 gestattete der Republik die Beibehaltung ihrer Besitzungen bis zum Flusse Adda.

Jacopo Tintoretto: *«Die Venezianer erobern Riva am Gardasee und nehmen es den Mailändern ab»*. Stefano Contarini besiegte zuerst die Flotte des Visconti auf dem Gardasee, segelte dann rasch nach Riva und nahm die Stadt ein.

Jacopo Tintoretto: *«Die Verteidigung von Brescia»*. Im Jahre 1436 nehmen Venedig und Mailand die Feindseligkeiten wieder auf.

Der Belagerungsring schließt sich zwei Jahre später um Brescia, doch setzt sich die Garnison unter Francesco Barbaro entschlossen gegen Piccinino, den Oberbefehlshaber des Viscontiheeres, zur Wehr und dieser steht vom Unternehmen ab.
Francesco Bassano: «*Sieg der Venezianer über die Mailänder bei Maclodio*». Die Episode ereignete sich 1428. Carmagnola gewinnt die Oberhand über die Truppen des Visconti, die eine schwere Niederlage mit Menschen- und Materialverlust erleiden. Der darauffolgende Friede sichert den Venezianern die Herrschaft über die Gebiete von Brescia.
Jacopo Palma d. J.: «*Sieg der Venezianer über die Mailänder am Po bei Cremona*». Die Schiffsschlacht ereignete sich 1427 in der Nähe von Casalmaggiore. Trotz des Sieges gelingt es Francesco Bembo nicht, sich Cremonas zu bemächtigen.
In den weiteren Feldern Monochrom-Bilder verschiedener Künstler: Leonardo Corona, l'Aliense, Pietro Longo, Francesco Montemezzano, il Vicentino und Palma d. J.
Der Fries ist aus einer Reihe von Bildern mit Bildnissen der ersten 76 Dogen gebildet. Der Auftrag wurde Jacopo Tintoretto anvertraut, in Wirklichkeit aber von dessen Sohn Domenico ausgeführt.
An den Wänden sind der Reihe nach dargestellt: rechts, DER KAMPF ZWISCHEN KAISER FRIEDRICH BARBAROSSA UND DEM PAPST ALEXANDER III. SOWIE DIE VERMITTLUNG DES DOGEN SEBASTIANO ZIANI (1172—1178).
Die Serie besteht aus zwölf Bildern:
Benedetto und Carlo Caliari: «*Die Begegnung des Papstes Alexander III. mit dem Dogen Sebastiano Ziani vor der Bruderschaft della Carità in Venedig*».
Benedetto und Carlo Caliari: «*Papst Alexander III. und der Doge Sebastiano Ziani schicken Botschafter zu Barbarossa, un Friedensverhandlungen zu führen*». Beide Bilder sind signiert.
Leandro Bassano: «*Papst rreicht dem Dogen Ziani die geweihte Kerze*».
Jacopo Tintoretto: «*Die vom Dogen Ziani geschickten Botschafter verlangen von Barbarossa vergeblich den Frieden gegenüber dem Papst*».
Francesco Bassano: «*Die venezianische Flotte schickt sich an, vom Molo San Marco gegen Barbarossa auszulaufen*».
Paolo dei Franceschi, genannt il Fiammingo: «*Alexander III. segnet den Dogen Ziani, der sich anschickt, mit der Flotte auszulaufen*».
Domenico Tintoretto: «*Die Schlacht von Salvore*».
Andrea Cicentino: «*Der Doge Ziani erhält nach seiner Rückkehr von der siegreichen Schlacht von Salvore vom Papste den gesegneten Ring*».
Jacopo Palma d. J.: «*Papst Alexander III. und der Doge Ziani schicken den jungen Otto zu Barbarossa, um ihm den Frieden vorzuschlagen*». Otto, Sohn des Friedrich, war während der Schlacht von Salvore gefangen geworden.
Federico Zuccari: «*Kaiser Friedrich trifft in Venedig ein und huldigt öffentlich dem Papst Alexander III.*».
Girolamo Gamberato: «*Papst Alexander III., Kaiser Friedrich Barbarossa und der Doge Sebastiano Ziani treffen in Ancona ein*».
Giulio d'Angelo del Moro: «*Der Doge Ziani empfängt in der römischen Kirche S. Giovanni in Laterano Geschenke vom Papst*».
An der Wand ober dem Tribunal das großartige Gemälde von Tintoretto: «*Das Paradies*», das der Meister in vorgerücktem Alter in den Jahren, die seinem Tode (1594) unmittelbar vorangingen, vollendet hat. Er wurde dabei weitgehend von seinem Sohne Domenico und von Jacopo Palma d. J. und außerdem von zahlreichen Schülern seiner Werkstätte unterstützt.

292. 293. Jacopo Tintoretto: Das Paradies.
294. Jacopo Palma der Jüngere: Die Eroberung von Konstantinopel.

An der Stirnwand gegenüber dem Thron, DER KRIEG VON CHIOGGIA:
Paolo Veronese: «*Die Rückkehr des Dogen Andrea Contarini nach Venedig nach dem Sieg der Venezianer über die Genuesen bei Chioggia*». Das Ereignis geschah 1380, als die in den Gewässern von Chioggia eingeschlossenen Genuesen sich bedingungslos ergaben. Für Venedig war es ein großer Sieg nach der überstandenen großen Gefahr, als selbst die Existenz der Republik auf dem Spiele stand.

Zum erstenmale in seiner Geschichte hatte sich Venedig in den Gewässern der eigenen Lagune angegriffen und zu hartem Widerstand gezwungen gesehen. Der militärischen Klugheit und dem Opferwillen des ganzen Volkes war es zu danken, daß es gelungen war, nach einem langen Kriege, in dem sich beide Seerepubliken mit höchster Leidenschaft bekämpft und engagiert hatten, das Schicksal zu wenden. Genua, das auch von inneren Streitigkeiten heimgesucht war, mußte vor der stärkeren und vor allem einigeren Gegnerin nachgeben. Ober den Fenstern *Bilder mit allegorischen Darstellungen* von Marco Vecellio un von Aliense.

295. 296. 297. Paolo Veronese: Der Krieg von Chioggia.

SAAL DER QUARANTIA CIVIL NOVA

Auch dieser Raum wurde vom Brande des Jahres 1577 erfaßt. Nach der völligen Wierherstellung innerhalb kurzer Zeit erlangte er sein gegenwärtiges Aussehen. Die Decke mit vergoldetem Balkenwerk stammt aus jener Zeit. Die ursprüngliche Einrichtung ging jedoch später verloren, die gegenwärtigen Stühle sind Nachahmungen der früheren. Das große Mittelfenster entspricht dem dritten von rechts an der Fassade gegen die Piazzetta. Ober oder unter der Quarantia wurden weitere Lokale geschaffen, die frühher als Büros der Sekretäre und der Schreiber dienten.
Filippo Zaniberti: «*Die Gerechtigkeit entdeckt die von Lastern versteckte Wahrheit*».
Antonio del Foler: «*Venedig vertraut der Gerechtigkeit die Lösung der Streitfragen an*».
G. Battista Lorenzetti; «*Venedig empfängt in der Anwesenheit des Neptun die Dogenmütze*».

298. Filippo Zaniberti: Die Gerechtigkeit entdeckt die Wahrheit.
299. Der Saal der Quarantia Civil Nova.
300. Camillo Ballini: Venedig im Glanz des Sieges von Lepanto.

SAAL DELLO SCRUTINIO

Wie bereits gesagt, wurde dieser Flügel des Palastes zwischen 1424 und 1440 unter dem Dogen Francesco Foscari ähnlich jenem, der bereits ein Jahrhundert früher gegen den Molo hin errichtet worden ist, erbaut. In die Loggien wurden keine Stiegen oder Sitzungsräume eingebaut, um damit den Eindruck eines offenen Durchgangsgebäudes zu verstärken. Im geschlossenen Oberteil gewann man im Gegenteil den zweiten großen Saal, genannt «dello Scrutinio» (Wahl) nach der Funktion, für die er bestimmt wurde. Er nahm zuerst die an wertvollen alten Büchern sehr reiche öffentliche Bibliothek auf, deren wichtigster Bestand von Schenkungen Petrarcas und des Kardinals Bessarione gebildet wurde. Als sich die Republik entschloß, die Marciana-Bibliothek zu erbauen und den Auftrag dem Sansovino erteilte, wurde der Saal dello Scrutinio von dieser zweiten Funktion völlig befreit und diente weiterhin nur mehr für die Wahlen. In ihr traten die venezianischen Patrizier zu Sitzungen zusammen, wenn sie den neuen Dogen wählen oder die Mitglieder anderer Behörden ernennen mußten. Hier erfolgten die Abstimmungen mittels Kugeln oder die geheimen Wahlen nach komplizierten Systemen, die von der Serenissima erfunden worden waren, um bei diesen heiklen Operationen Betrügereien und Winkelzüge zu vermeiden.

Bis 1172 war die Wall des Dogen elf aus dem Großen Rat gewählten avertraut. Die «Concio Generalis» beschränkte sich darauf, die erfolgte Ernennung zu bestätigen. Im Jahre 1178 wird das Wahlsystem komplizierter: Vier Wähler ernennen die vierzig, die dann den Dogen wählen. In der Folge werden dann aus den vierzig einundvierzig, um die Möglichkeit einer Stimmengleichheit zu vermeiden. Im Jahre 1268 wird schließlich das Verfahren eingeführt, das bis auf kleine Abänderungen bis zum Ende der Republik andauert.

302

301

Im Saal des Großen Rates versammelten sich alle Patrizier, die das 30. Lebensjahr vollendet hatten. Sie bildeten den Wahlkörper. Die erste Operation bestand darin, daß von jedem Anwesenden eine Kugel aus der Urne gezogen wurde. Nur 30 Kugeln trugen die Inschrift «Lector» und nur die 30 Patrizier, welche diese gezogen hatten, konnten verbleiben. Diese 30 reduzierten sich durch ein ähnliches Auslosungsverfahren auf 9. Die 9 wählten in geheimer Abstimmung 40 (jeder der Gewählten mußte jedoch mehr als 7 Stimmen erhalten haben). Diese 40 wurden durch Auslosung auf 12 vermindert. Die 12 wählten in geheimer Abstimmung 25. Die 25 verringerten sich durch Auslosung auf 9. Die 9 wählten in geheimer Abstimmung 45. Die 45 wurden durch Verlosung auf 11 reduziert, die schließlich wieder in geheimer Abstimmung die 41 Wähler des Dogen wählten. Sie mußten jedoch vorher die Bestätigung des Großen Rates erlangen, was nicht immer der Fall war. Erst nach Einholung dieser Bestätigung schritten dann die 41 an das eigentliche Konklave zur Wahl des Dogen. Jeder der Wähler brachte mit geheimem Stimmzettel einen Namen zum Vorschlag. Im Wege der Verlosung wurde entschieden, welcher der vorgeschlagenen Namen als erster zur Diskussion und Abstimmung mit Kugeln kommen sollte. Gewählt wurde der Kandidat, der wenigstens 25 Stimmen erhalten hatte.

Schematisch: Ak = Abstimmung durch Kugeln; GA = Geheimabstimmung. *Generalversammlung: Ak, dreißig: Ak, neun: GA, vierzig: Ak, zwölf: GA, fünfundzwanzig: Ak, neun: GA, fünfundvierzig: Ak, elf: GA, einundvierzig Wähler des Dogen: GA, Wahl des Dogen mit wenigstens fünfundzwanzig Stimmen.*

301. Der Saal dello Scrutinio.
302. Angelo del Moro: Die Eroberung von Jaffa.

DIE WAHL DES DOGEN

Wie bereits bemerkt diente der Saal auch als Bibliothek; im Jahre 1531 arbeitete Sansovino neben dem Vorschlag der Ausschmückung auch einen Plan aus, der vorsah, den Raum in zwei Teile zu teilen, um ihn gleichzeitig für zwei Zwecke verwenden zu können. Gegen 1530 begann man die erste malerische Ausschmückung. Die Arbeiten dauerten etwa zehn Jahre. Die Fächerdecke muß bereits 1537 oder spätestens im Jahre darauf fertiggestellt worden sein. Die Bilder der Felder malte Pordenone, von dem auch der Fries stammte. Die Sujets waren symbolischer Natur und stellten die *Tugenden* dar. Später entschloß sich die Serenissima den Fries zu verkaufen und durch die *Bildnisse der Dogen* zu ersetzen. Der Auftrag hiezu erging an Tizian, der einige von ihnen malte. Auch Tintoretto hatte bei den Arbeiten mitgewirkt. An ihn erinnert eine berühmte *Schlacht von Lepanto,* ein Thema das auch von Vicentino aufgenommen wurde.

Der Saal wurde 1577 vom Feuer völlig zerstört. Die Leitung der Wiederherstellungsarbeiten wurde dem Protus Antonio da Ponte anvertraut, der damit 1582 begann. Gegen Ende des Jahrhunderts scheint das Werk vollendet gewesen zu sein. Tatsächlich stand man 1599 im Berriffe, die geschnitzten Rahmen der von Cristoforo Sorte unter dem Dogen Nicolò da Ponte gestalteten Decke zu vergolden. Der Mönch Gerolamo Bardi ersann die Themen für die Gemälde an den Wänden wie auch für die 39 Deckenfelder, deren Ausführung fast zur Gänze Schülern des Tintoretto und Veronese anvertraut wurde. Tatsächlich erfolgten gegenüber dem ursprünglichen Programm Abänderungen, einige Werke kamen später, im 17, und auch im 18. Jh., dazu.

Das Motiv der *Dogenbildnisse* längs des Frieses wurde bei Erneuerung der durch den Brand verlorengegangenen Darstellungen von Domenico Tintoretto wieder aufgenommen. Die folgenden

303. Camillò Ballini: Der Sieg der Venezianer bei Trapani.
304. Detail der Decke.
305. 306. Jacopo Tintoretto: Die Eroberung von Zara.

Bildnisse wurden jeweils nach den Wahlen nach der Natur angefertigt. Sie reichen bis zum Bildnis des letzten Dogen Lodovico Manin, das noch mit Genehmigung der Österreicher angefertig wurde. An der Rückwand gegen die Foscari-Stiege, die zur unteren Loggia führt, wurde der *Triumphbogen* zu Ehren von Francesco Morosini, genannt il Peloponnesiaco, sofort nach dessen Tod im Jahre 1694 errichtet. Dieses Denkmal wurde vom Architekten Antonio Gaspari projektiert und von Gregorio Lazzarini mit einigen Bildern geschmückt, deren Themen in allegorischer Form auf Unternehmen des großen venezianischen Condottiere Bezug nehmen. Er verstand es in der Tat, bedeutende Siege zu See und zu Land zu erringen und damit für einige Jahre die Erinnerung an andere ältere Schlachten und Eroberungen wachzurufen. Das Prestige von Venedig, das bereits seit längerem unter dem Druck des türkischen Reiches stand, an das man allmählich alle überseeischen Besitzungen verloren hatte, hob sich plötzlich wieder. Die Wiedereroberung von Morea un anderen Gebieten wurde in Venedig mit großem Jubel aufgenommen und der Urheber dieser Siege wie ein Retter des Vaterlandes begrüßt.

DIE GEMÄLDE IM SAAL DER WAHL

Mittelstreifen der Decke, ovale Felder.
Francesco Bassano: «*Die Venezianer erobern Padua*». Die Episode ereignete sich 1405 während des Krieges, den die Republik gegen die Carraresi, die Herren von Padua, führte.
Camillo Ballini: «*Sieg der Venezianer über die Genuesen bei Trapani*». Genua, Verbündete des Paleologus bei der Eroberung des oströmischen Thrones, nutzte die Situation aus, um Galata zu erobern.
In dem darauffolgenden Kriege kam es 1265 zur Schlacht von Trapani.
Andrea Vicentino: «*Seesieg der Venezianer über die Pisaner in Rhodos*». Das Motiv dieses Zusammenstoßes zwischen den beiden Flotten, die 1098 auf dem Weg nach dem Heiligen Lande waren, um an dem von Papst Urban II. ausgerufenen Kreuzzug teilzunehmen, ist nicht ganz klar.
Giulio d'Angelo del Moro: «*Die Venezianer erobern die Stadt Jaffa*». Im Hahre 1294 gelingt es den Venezianern, die durch die bewaffnete und diplomatische Aktion Genuas im Orient etwas kompromittierte Situation wieder geradezubiegen, indem sie Pera in Brand stecken und Jaffa zurückerobern, wichtige Handelshäfen am Schwarzen Meer.
Francesco Montemezzano: «*Einnahme von Acri*». Vor der Eröffnung der Feindseligkeiten besaßen die Republiken Genua und Venedig in der Stadt eigene Viertel. Nach der im Gemälde dargestellten Seeschlacht war die Serenissima 1258 absolute Herrin von Acri. In den anderen Feldern Episoden der venezianischen Geschichte in Monochromtechnik mit allegorischen Figuren.

307. 308. Andrea Vicentino: Die Schlacht von Lepanto.
309. Pietro Liberi: Die Schlacht in den Dardanellen.
310. Jacopo Palma der Jüngere: Das Jüngste Gericht (Detail).

In den Feldern mit verschlungenen Linien von Camillo Ballini: *Der Glaube»*, *«Die Klugheit»*, *«Die Mäßigung»*, *«Der öffentliche Glaube»*.
Von Marco Vecellio: *Die Stärke»*, *«Die Gerechtigkeit»*.
Von Antonio Aliense: *«Die Herrlichkeit»*, *«Die Eintracht»*, *«Die militärische Disziplin zur See»*, *«Die militärische Disziplin zu Lande»*, *«Die Milde»* und *«Die Freigebigkeit»*.
Von Giulio Licinio: *«Die Gelegenheit»*, *«Der Ruhm»*, *«Die Sicherheit»*, *«Die Gerechtigkeit»*, *«Der Sieg»*, *«Das Gesetz»*, *«Der Überfluß»*, *«Die Entschlossenheit»*, *«Die Schweigsamkeit»* und *«Die Wachsamkeit»*.

309

An der Wand des Tribunals unter dem Fries, wo Andrea Vicentino die Figuren der *Propheten* und der *Evangelisten* malte, erhielt Jacopo Palma d. J. den Auftrag ein großes Bild zu malen, welches *«Das Jüngste Gericht»* darstellte; er vollendete es um 1592.
In Fortsetzung längs der Wände Jacopo Tintoretto: *«Sieg der Venezianer über die Ungarn und Eroberung von Zara»*.
Andrea Vicentino: *«Die Eroberung von Cattaro»*. Sie erfolgte 1379 während des Krieges zwischen Genua und Venedig der ein Jahr später in den Lagunen von Chioggia endet.
Andrea Vicentino: *«Die Schlacht von Lepanto»*. Der historische Zusammenstoß ereignete sich 1571 zwischen der türkischen Flotte von Ali Pascha und jener der Verbündeten unter dem Kommando von Don Juan d'Austria, unter denen wir

310

Venedig, Spanien die Toskana, Savoyen, Papst Pius V. und andere finden.
Pietro Bellotto: «*Sieg der Venezianer uber die Türken in Albanien und Zerstörung des Schlosses Margarita*». Kurz nach der Schlacht von Lepanto eroberte Francesco Corner, der den Kampf gegen die Türken fortsetzte, diese überaus gerüstete Festung in Albanien.
Pietro Liberi: «*Sieg der Venezianer über die Türken in den Dardanellen*». Im Jahre 1645 blockierte Venedig zur Eröffnung der Feindseligkeiten mit dem Osmanischen Reich mit seiner Flotte die Dardanellen. Zahlreich waren die Kämpfe, die zugunsten der Serenissima ausgingen, doch erobern die Türken mit dem Ablauf der Zeit unerbittlich die Herrschaft über den Archipel zurück.
Andrea Vicentino: «*Die Venezianer bereiten die Verteidigung der Lagunen gegen die Invasion des Königs Pipin vor*», ein bereits legendäres Geschehnis aus der frühen Geschichte Venedigs um 810. Die Flotte Pipins war in die Lagunen eingedrungen und wurde zerstört, als es den Venezianern gelang, die schweren Holzschiffe mit einer List in seichtes Wasser zu locken.
Andrea Vicentino: «*Das Heer des Pipin sucht auf einer Schiffsbrücke Venedig zu erreichen*».
Sante Peranda: «*Seesieg der Venezianer in Jaffa*». Der Doge Domenico Michiel, der dem König von Jerusalem, Balduin II., zu Hilfe eilte stieß in den Gewässern von Jaffa auf die ägyptische Flotte und vernichtete sie 1123.
Antonio Aliense: «*Die Einnahme von Tyrus*». Das Ereignis steht im Zusammenhang mit dem erfolgreichen Feldzug der venezianischen Flotte in Syrien.
Marco Vecellio: «*Sieg der Venezianer bei Cap Matapan*». Die Seeschlacht entbrannte in der Höhe von Cap Matapan im Jahre 1149 zwischen der Flotte von Roger II. und jener von Venedig.
Ober den Fenstern *allegorische Darstellungen* von Sebastiano Ricci, Antonio Aliense und Marco Vecellio.

SAAL DER QUARANTIA CRIMINAL

Der Saal beherbergte eine wichtige Behörde, deren Funktionen bereits im Kapitel über die Quarantia Civil Vecchia dargestellt worden sind. Wir erinnern noch daran, daß die Quarantia Criminal vom 14. Jh. an an den Sitzungen des Senates teilnahm. Die richterlichen Mitglieder ernannten in internen Wahlen die drei «Presidenti sopra Uffici», welche die Aufgabe hatten, die gesamte Zivilverwaltung der Republik zu leiten.
Die Einrichtung des Saales und die malerische Ausschmückung gingen nach dem Sturze der Republik zur Gänze verloren. Ein Bild von Gabriele Bella aus dem 18. Jh., das sich jetzt in der Fondazione (Stiftung) Querini-Stampalia befindet, zeigt uns den Saal während einer Sitzung. Auf Grund dieser historischen Darstellung schritt man kürzlich an seine Wiederherstellung. Ober dem Tribunal trägt ein kostbares vergoldetes Leder, das einzige, das im Palast verblieben ist, in der Mitte zwischen Blumendekorationen die sicher erst später gemalten Wappen von drei venezianischen Adelsfamilien. Die Decke, die sich noch original aus der Zeit erhalten hat, ist aus bemaltem und vergoldetem Gebälk. Längs des Frieses eine Reihe von Wappen.

Es folgen zwei weitere Säle, die der ursprünglichen Einrichtung völlig beraubt wurden, mit Ausnahme der Kamine, die aus der Zeit der Restaurierung der Dogenwohnung (erste Jahre des 16. Jh.s) stammen. Diese beiden Säle werden heute nach dem «Magistrato al Criminal» und nach dem «Magistrato alle Leggi» genannt. Im ersten finden wir die zwei Originalstatuen *Adams* und *Evas* von Antonio Rizzo. Jacobello del Fiore: «*Schreitender Löwe*».
Antonio Balestra: «*Der Doge Giovanni Corner auf den Knien vor der Jungfrau*».

311. 312. Der Triumphbogen des Francesco Morosini.
313. Ein Wandteppich in Silber und Leder.

313

NEUES GEFÄNGNIS

EINE ANSTALT DER SEUFZER

DIE HERREN DES NACHTS BEI DER CRIMINAL

314

315

Der zur Aufnahme von Gefangenen bestimmte Raum war im Palaste niemals ausreichend, und auch die von Fall zu Fall getroffenen Lösungen waren unbefriedigend. So sah sich der Rat der Zehn im Laufe des 16. Jh.s gezwungen, Orte und Räume außerhalb des Palestes in Erwägung zu ziehen. Am geeignetsten erschien die Zone längs des Kanals in Nähe des Ponte della Paglia. Nachdem die Idee aufgegeben war, Kerkerräume in den damals bestehenden alten Wohnhäusern zu gewinnen, begann man diese niederzureißen und einen eigens für diesen Zweck bestimmten Bau zu errichten. Im Jahre 1566 hätte dieser erste Neubau schon fertig sein sollen; er entspricht dem innersten Baukörper vom Ufer aus gesehen und bleibt links von der Seufzerbrücke, die ihn mit dem Palast verbindet. Daß er den ältesten Teil des ganzen Kerkerbaues darstellt, ist aus der Raumverteilung klar ersichtlich, die sich unabhängig und autonom nach Stockwerken und Stiegen gliedert und aus der Nähe stark an jene der Pozzi erinnert. Trotz der klar zum Ausdruck gebrachten Absichten, die räumlichen Bedingungen der Gefangenen zu verbessern, behielt die angenommene Lösung die Mängel der ältesten Kerker bei.

Der Bau des neuen Kerkers wächst und entwickelt sich nach einem Arbeitsprogramm, das im Ablauf der Zeit in aufeinanderfolgenden Baulosen verwirklicht wird. Wir glauben in der Behauptung nicht irrezugehen, daß diese Entwicklung zuerst von der Kanalseite in Fortsetzung des ersten Baukörpers und erst in der Folge gegen das Wasserbecken und die Calle degli Albanesi erfolgte Im Jahre 1574 denkt man daran, einen Teil der Gefangenen aus dem Palast hieher zu verlegen. Im Jahre 1580 erneuert der Rat der Zehn den Wunsch, daß alle Gefangenen an geeigneter Stelle außerhalb des Palastes untergebracht werden. Der Bau eines einzigen großen Gefangenenhauses ist nunmehr notwendig geworden, um alle Unzukömmlichkeiten zu beseitigen und die Unordnung im bisherigen alten Kerkerwesen zu beheben. Logischerweise war das für diesen Zweck gewählte Gelände jenes zwischen dem Ufer und S. Apollonia in Fortsetzung jener Stelle längs des Kanals, die bereits für den gleichen Zweck verwendet worden ist.

Antonio da Ponte und Zamaria de' Piombi wurden getrennt zur Ausarbeitung der Pläne beauftragt, die sich später in der Planimetrie sehr gleichen. Da Ponte, der schließlich der gewählte Architekt wird, arbeitete den Entwurf eines Baues aus, der sich um den Innenhof in Verbindung mit den bereits bestehenden Bauten gliedert. Die Beschreibung des Baukörpers, der auf das Ufer in Richtung nach San Giorgio blickt, entspricht im großen und ganzen sowohl nach der architektonischen Gestaltung wie auch nach dem Verwendungszweck dem später errichteten und heute noch bestehenden Gebäude. Der Saal im ersten Stockwerk des Baues gegen das Wasserbecken hin nimmt die Behörde «Signori di Notte al Criminal» auf.

Beim Tode des Da Ponte im Jahre 1597 tritt Antonio Contin seine Nachfolge als Palastprotus an und setzt die Arbeiten fort, die er bereits

bemerkenswerte architektonische Einheit dar, die zu der verschiedenartigen internen Function in einem gewissen Widerspruch steht. Wir beziehen uns auf den von Da Ponte gestalteten Bau an der Uferseite, der bereits im Plane eine sinnvollere Verteilung und eine klare Differenzierung in der Verwendung aufweist. Er wurde nach den Mustern des späteren 16. Jh. s errichtet und läßt von außen überhaupt nicht oder nur zum geringsten Teile die Function erkennen, für welche der Bau bestimmt war. Das Erdgeschoß und die großen Fenster des ersten Stockwerkes öffnen die robuste Mauer aus istrischen Keilsteinen und mildern die strenge Linie, die hingegen in der Fassade des Rio di Canonica der Calle degli Albanesi und des Innenhofes voll zum Ausdruck kommt.

früher verfolgt hatte. In dem Maße, in dem der Kerkerpalast seine Aufnahmefähigkeit erhöht, wird allmählich eine immer größere Zahl von Gefangenen hieher verlegt. Die ersten waren vor allem die Kranken und Schwachen, für die im Kerker «Moceniga», der als Krankenhaus geeignet war, andere geëräumigere und hellere Zellen bestimmt waren. Spätestens 1610 war der Bau praktisch fertiggestellt. Grundriß und Verteilung der Zellen und der Gänge, die sich zwar immer noch an das traditionelle Schema halten, stellen eine echte Verbesserung dar. Nicht nur das Ausmaß und die Höhe der Räume wurde entschieden vergrößert, sondern zuch das, wenn auch indirekt einströmende Licht war stärker. Wegen der anschließenden Perioden, in denen der Kerkerbau errichtet wurde, der Mehrzahl der Projektanten und Bauleiter, ferner wegen der späteren teilweisen Umänderungen ist die Planimetrie manchmal schwer verständlich. Die äußere Gestalt des Baues stellt sich hingegen als

314. Wachkorridor.
315. Die Zelle der «Presentadi».
316. Der Gefängnispalast.
317. Gewöhnliche Zelle.
318. Korridor vor dem Kirchlein des Gefängnisses.

DIE SEUFZERBRÜCKE

EINE ORIGINELLE ARCHITEKTONISCHE LÖSUNG FÜR DEN VERBINDUNGSWEG ZWISCHEN DEM PALAST UND DEM NEUEN GEFÄNGNIS ÜBER DEN KANAL

319

320

Antonio Contin projektierte die *Seufzerbrücke*. Die Republik entschloß sich zu Ende des Jahrhunderts den Dogenpalast durch eine Brücke direkt mit dem neuen Staatsgefängnis zu verbinden, vor allem das Stockwerk, das die für die Gefangenen des Rates der Zehn bestimmten Zellen im ältesten Bauteil, der sich schon in jener Zeit durch sein äußeres architektonisches Bild abhob, enthielt. Es scheint klar, daß die Einfügung der Brücke, deren Bau in den ersten Monaten des Jahres 1600 begann und noch vor 1602 beendet wurde, später als die Fassade erfolgte. Die Bauelemente im derstein, vor allem das ornamentale Motiv des Schlußsteines in der Mitte des Fensterarchitravs und die Form des Traufdachgesimses scheinen im Inneren oberhalb der Eingänge durch die strukturellen Elemente der Brücke gemildert und aufgehoben.
Der Bau dieser geschlossenen und gedeckten Steinbrücke, die in der Dekoration das bereits barocke Empfinden des Contin verrät, entspricht einer praktischen Notwendigkeit. Sie stellt im Inneren jene Verbindungen her, die durch ihre besondere Natur Unabhängigkeit und Autonomie verlangen, und stellt im ganzen gesehen ein Element von bemerkenswerter Einmaligkeit dar. Wenn wir das Staatsgefängnis im Rücken lassen, bietet uns die Seufzerbrücke zwei durch eine Längswand getrennte Durchgänge. Der rechte Gang führt zum ersten Stockwerk i die Säle des Magistrato alle Leggi und der Quarantia Criminal. Der linke Gang führt zu den Sälen der Staatsanwaltschaft und zun Sprechzimmer.
«*Piombi*» ist die Bezeichnung, die einigen Gefängniszellen unter dem Dache des Dogenpalastes beigelegt wurde. Man darf annehmen, daß sie bereits seit der zweiten Hälfte des 15. Jh. s bestanden. Sie wurden berühmt, da in ihnen Casanova vor seiner abenteuerlichen Flucht eingeschlossen war. Heute hat sich von dieser Struktur nur wenig erhalten.
Im gleichen Stockwerk finden wir nach dem Durchschreiten enger Gänge die «*Camera del*

Tormento» *(Folterkammer),* genannt auch «*Il Tribunal del loco della corda*»; man schließt auf seine Funktion aus der in einem Dokument von 1588 gegebenen Beschreibung. Dieser Raum ist in den Besichtigungsrundgang jenes Palastteiles, der auch die *Geheime Staatskanzlei,* die Ämter des *Großkanzlers,* des *Segretario alle Voci* und des *Dogennotars* umfaßt, mit eingeschlossen. Hier laufen auch alle Treppen zusammen, die von den Kellern herauf- und von den Bleikammern herunterkommen und die vertikale Dienstverbindung darstellen.

319, 321. Die Seufzerbrücke.
320. Eingang von der Seufzerbrücke zum Neuen Gefängnis.
322. Die Folterkammer.

SAAL DER ZENSOREN

EIN AMT ZUR VERHINDERUNG VON WAHLSCHWINDEL

In diesem Saal hatte eine Behörde ihren Sitz, die 1517 eingesetzt wurde und aus zwei vom Großen Rat gewählten Mitgliedern bestand. Diese hatten die präzise Aufgabe, für die Einhaltung der Gesetze zu sorgen, welche Betrugsmanöver in den Wahlen zur Erlangung von Regierungsämtern verhindern sollte.
Im Jahre 1509 begann Pietro Lombardo mit der Restaurierung und Neugestaltung; in der Folge nahmen andere Umwandlungen vor, so daß die Arbeiten erst 1549, im Todesjahr des Scarpagnino, beendet wurden.
Längs der Wände von rechts nach links:
Domenico Tintoretto: *«Die Verkündigung und die Bildnisse von drei Avogadori».* Domenico Tintoretto: *«Erlöser Christus und die Bildnisse von zehn Zensoren».* Domenico Tintoretto *«Die Madonna mit dem Kinde und die Bildnisse von neun Zensoren».*
Domenico Tintoretto: «Bildnisse von vier Zensoren». Domenico Tintoretto: *«Bildnisse von fünf Zensoren».* In der Mitte dieses Bildes ein kleines Kapitell mit einem Tafelbild auf goldenem Grunde aus der Schule des Vivarini, darstellend eine *«Madonna mit dem Kinde».*
Domenico Tintoretto: *«Bildnisse von fünf Zensoren».* Pietro Malombra: *«Kreuzabnahme und die Bildnisse von vier Zensoren».* Domenico Tintoretto: *«Der Hl. Geist und die Bildnisse von zehn Zensoren».* Domenico Tintoretto: *«Krönung der Jungfrau und die Bildnisse von acht Zensoren».* Alle diese Bilder sind in Wahrheit nicht sehr wertvoll und dürften mehr der Werkstätte als Tintoretto selber zuzuschreiben sein. Sie wurden in den ersten beiden Jahrzehnten des 17. Jh.s gemalt.

323. Saal der Zensoren: Madonna mit Kind (Tafel).
324. 325. 327. Porträts von Zensoren und «Avogadori».
326. Der Saal dell'Avogaria.
328. Sebastiano Bombelli: Der hl. Geist und zwei Avogadori.

SAAL DELL'AVOGARIA

Die ersten Nachrichten über diese Behörde gehen auf das 12. Jh. zurück. Die genaue Funktion der Avogadori war die von öffentlichen Anklägern bei den Ratsversammlungen; sie überwachten auch die strenge Einhaltung der Verträge und die Einhebung der Geldstrafen. Wenigstens einer der Avogadori mußte bei den Sitzungen des Großen Rates oder des Senates zugegen sein und hatte das Recht, sein Veto einzulegen, wenn die Beschlüsse gesetzwidrig waren. Er wohnte auch den Sitzungen des Rates der Zehn bei. Die Zahl dieser Beamten betrug drei.

Die Ausstattung des Saales ist spät, aber noch original. Die große Wanduhr gab nur sechs Stunden an.

Längs der Wände beginnend von der Eingangswand:
Leandro Bassano: «*Die verklärte Jungfran und die Bildnisse von drei Avogadori und zwei Notaren*».
Tintoretto: «*Der Leichnam Christi und die Bildnisse von drei Avogadori*». Domenico Tintoretto: «*Der heilige Markus im Triumph und die Bildnisse von drei Avogadori und zwei Notaren*».
An der Uhrwand: Tiberio Tinelli: «*Die verklärte Jungfrau und die Bildnisse von sechs Avogadori*».
Sebastiano Bombelli: «*Der Hl. Geist und die Bildnisse von zwei Avogadori*». Domenico Tintoretto: «*Die Heiligen Antonius Abt, Apostel Petrus und Hieronymus und die Bildnisse von drei Avogadori*».
An der Wand gegenüber dem Eingang: Pietro Uberti: «*Bildnisse von drei Avogadori*». Domenico Tintoretto: «*Bildnisse von drei Avogadori und drei Notaren*».
An der Fensterwand: Domenico Tintoretto: «*Christus, die Tugenden und die Bildnisse von drei Avogadori und einem Notar*». Domenico Tintoretto: «*Bildnis von zwei Notaren*».

SAAL DELLO SCRIGNO

DAS GOLDENE BUCH

Die Avogadori di Comune hatten unter anderem die Aufgabe, die Bücher in welchen die verschidenen Familienstände verzeichnet waren, auf dem laufenden zu halten. Für die Anlage und laufende Führung dieser Verzeichnisse wurden richtige Verfahren eingeleitet, um die verschiedenen Grade des Adels zu erheben und die Staatsbürgerschaft zu bestätigen. Zwei Bücher wurden in diesem Saale geführt: Das Goldene Buch mit dem Verzeichnis der Adelsfamilien und das Silberne Buch mit jenem der bürgerlichen Familien. Von der alten Einrichtung hat sich ein kostbarer Wandschrank erhalten.

DAS SIEGELAMT DES DOGEN

Dieses Amt unterstand direkt der *Cancelleria*. Der Beamte oder «*Bollador*» hatte den Auftrag, den Stempel mit dem «nulla obstat» (kein Einwand) auf alle Akten zu setzen. Er hatte außerdem den Auftrag, die Akten über die vom Großen Rat erteilten Gnadenerlasse zu führen.

DIE AVOGADORI WAREN DIE ADVOKATEN DER REPUBLIK

Anonym: «*Bildnis von drei Avogadori*». Nach der Art des Uberti: «*Bildnis von drei Avogadori*». Pietro Uberti: «*Bildnis von drei Avogadori*». Art des Uberti; «*Die Jungfrau mit dem Kinde und die Bildnisse von drei Avogadori*». Vincenzo Guarana: «*Bildnis von drei Avogadori*». Tiberio Tinelli: «*Die verklärte Jungfrau und die Bildnisse von sechs Avogadori*». Nicolò Renieri: «*Die verklärte Jungfrau mit dem Kinde und die Bildnisse von drei Avogadori*». Anonym: «*Bildnis eines Avogadore*». Pietro Uberti: «*Bildnis von drei Avogadori*». Art des Uberti: «*Bildnis von drei Avogadori*». Alessandro Longhi: «*Bildnis eines Notars*». Alessandro Longhi: «*Bildnis von drei Avogadori*». Alessandro Longhi: «*Bildnis eines Notars*».

329. Der Saal dello Scrigno.
330. Alessandro Longhi: Porträt eines Avogadore.

SAAL DER MILIZIA DA MAR

Gelegentlich der Ausrüstung einer mächtigen Flotte im Jahre 1571 richtete die Republik ein aus vier Senatoren und weiteren erwählten Mitgliedern des Großen Rates bestehendes Kollegium ein, dem besondere technische Aufgaben übertragen waren. Sie hatten die Ausgabe dieses große Unternehmen in den kleinsten Details vorzubereiten. In der Folge wurde dieses Kollegium beibehalten, wobei seine Kompetenzen von der Ausrüstung der Galeeren über die Anwerbung von Matrosen und Ruderknechten und die Besorgung des Nachschubes zu all dem reichte, was die Bedürfnisse der Flotte betraf.

DIE KANZLEI DES DOGEN

Dieser Saal, der seine alte Einrichtung eingebüßt hat, stellte das Zimmer des Großkanzlers und seiner Sekretäre dar. Der Kanzler war der höchste Exponent der ursprünglichen Bürgerschaft, d.h. jener Klasse von Bürgern, die, ohne dem Adel anzugehören, die gleichen Rechte genossen.
Seine Funktionen bestanden in der Führung der Kanzleien (K. des Dogen und die Geheimkanzlei), welche die Archive, die Protokolle der Abstimmungen usw. verwahrte.

Anonym nach Art des Tiepolo: «*Die Anbetung der Weisen*». Anonym (Werkstätte des Ricci?): «*Die Herabkunft des Hl. Geistes*». Anonym nach Art des Tiepolo: «*Die Königin von Saba vor König Salomon*». Anonym: «*Der Evangelist Markus*».

331. 332. Saal der Milizia da Mar. Unbekannter Meister: Die Königin von Saba vor Salomon.
333. Porträts von Zensoren.

DIE GEFÄNGNISSE IM ERDGESCHOSS

DIE ÄLTESTEN GEFÄNGNISSE IM DOGENPALAST

Im Januar 1531 beschloß die Republik, den gegen den Kanal hin gelegenen Flügel, der Säle der Pregadi, der X, der Quarantia Criminal und der Avogaria enthält, zu restaurieren. Im Voranschlag für die Restaurierung ist auch der Bau von neuen Gefängnissen vorgesehen, die nur für Häftlinge aus der Zuständigkeit des Rates der Zehn bestimmt sein sollten. Sie wurden im Erdgeschoß des Justizpalastes geplant und errichtet, fern und getrennt von den damals im Palast bereits bestehenden Zellen und mit Diensttreppen direkt mit dem darober liegenden Saal der drei Vorsteher verbunden. Auf einer ungefähr quadratischen Grundfläche, die an den beiden entgegengesetzten Gängen von den Ufern, vom Portikus des Hofes und vom Kanal blockiert wird, wurden 19 Zellen geschaffen.
Man nannte sie «Pozzi», vermutlich nach einer Gedankenübertragung von der Dunkelheit und Beengtheit der Räume, von der Feuchtigkeit der Mauern und dem Fehlen von Luft. Der Grundriß entspricht dem Brauch jener Zeiten beim Entwurf eines Kerkers, nämlich ein Korridor für die Streifen längs der Außenwände und die Zellen in einem doppelten Block in der Mitte mit Türen und Luftschächten, die sich auf den Korridor öffnen. Jede Zelle ist am Steinarchitrav der Türe mit einer verkehrten römischen Ziffer bezeichnet, gleichsam als ob man damit die planimetrische Anordnung der Zellen schwieriger erkennbar machen wollte. Der ganze Bau ist aus großen Steinblöcken aus Istrien erstellt. Eine Zelle zeigt noch die vollständige Originaleinrichtung, bestehend aus der Holzverkleidung der Wände, der Decke und des Fußbodens.

334. Wachkorridor in den «Pozzi».
335. Steintür in den «Pozzi».
336. Eine Zelle mit der ursprünglichen Holzverkleidung.
337. Das Bauhüttenmuseum.

336

BAUHÜTTENMUSEUM

Es wurde vor einigen Jahren in den Räumen des Erdgeschosses gegen die Piazzetta und zum Teil gegen das Wasserbecken hin angelegt, die früher als Ställe und Gefängnisse dienten. Es enthält alle Originalstücke, die während der zwischen 1875 und 1887 vorgenommenen statischen Restaurierung von den Fassaden abgenommen wurden: Es sind zahlreiche Säulen und Kapitelle sowohl vom äußeren Säulengang wie auch von der Loggia des aus dem 14. Jh. stammenden Baues, teilweise zersetzt und verdorben, die Statuen des Tores della Carta, die Originalkapitelle der Loggetta del Sansovino usw. In einem dieser Lokale ist in der Mitte der Querwand noch eine Säule vom uralten Bau des Ziani erhalten.

337

139

VERZEICHNIS DER DOGEN UND DAS JAHR IHRER WAHL

Paolo Lucio Anafesto	697
Marcello Tegelliano	717
Orso Ipato	726
Teodato Ipato	742
Galla Gaulo	755
Domenico Monegario	756
Maurizio Galbaio	764
Giovanni Galbaio	787
Obelerio Antenereo	804

Der Sitz der Regierung wird von Malamocco nach Rivoalto verlegt.

Angelo Partecipazio	811
Giustiniano Partecipazio	827
Giovanni I Partecipazio	829
Pietro Tradonico	836
Orso Partecipazio	864
Giovanni II Partecipazio	881
Pietro Candiano	887
Pietro Tribuno	888
Orso II Partecipazio	912
Pietro II Candiano	932
Pietro Partecipazio	939
Pietro III Candiano	942
Pietro IV Candiano	959
Pietro I Orseolo	976
Vitale Candiano	978
Tribuno Memmo	979
Pietro Orseolo	991
Ottone Orseolo	1008
Pietro Centranico	1026
Domenico Flabanico	1032
Domenico Contarini	1043
Domenico Selvo	1071
Vitale Falier	1084
Vitale I Michiel	1096
Ordelafo Falier	1102
Domenico Michiel	1118
Pietro Polani	1130
Domenico Morosini	1148
Vitale II Michiel	1156
Sebastiano Ziani	1172
Orio Malipiero	1178
Enrico Dandolo	1192
Pietro Ziani	1205
Jacopo Tiepolo	1229
Marino Morosini	1249
Reniero Zeno	1253
Lorenzo Tiepolo	1268
Jacopo Contarini	1275
Giovanni Dandolo	1280
Pietro Gradenigo	1298
Marino Zorzi	1311
Giovanni Soranzo	1312
Francesco Dandolo	1329
Bartolomeo Gradenigo	1339
Andrea Dandolo	1343
Marino Faliero	1354
Giovanni Gradenigo	1355
Giovanni Dolfin	1356
Lorenzo Celsi	1361
Marco Corner	1365
Andrea Contarini	1368
Michele Morosini	1382
Antonio Venier	1382
Tommaso Mocenigo	1414
Francesco Foscari	1423
Pasquale Malipiero	1457
Cristoforo Moro	1462
Nicolò Tron	1471
Nicolò Marcello	1473
Pietro Mocenigo	1474
Andrea Vendramin	1476
Giovanni Mocenigo	1478
Marco Barbarigo	1485
Agostino Barbarigo	1486
Leonardo Loredan	1501
Antonio Grimani	1521
Andrea Gritti	1523
Pietro Lando	1539
Francesco Donà	1545
Marcantonio Trevisan	1553
Francesco Venier	1554
Lorenzo Priuli	1556
Girolamo Priuli	1559
Pietro Loredan	1567
Alvise I Mocenigo	1570
Sebastiano Venier	1577
Nicolò da Ponte	1578
Pasquale Cicogna	1585
Marino Grimani	1595
Leonardo Donà	1606
Marcantonio Memmo	1612
Giovanni Bembo	1615
Nicolò Donà	1618
Antonio Priuli	1618
Francesco Contarini	1623
Giovanni Cornaro	1625
Nicolò Contarini	1630
Francesco Erizzo	1631
Francesco Molin	1646
Carlo Contarini	1655
Francesco Corner	1656
Bertuccio Valier	1656
Giovanni Pesaro	1658
Domenico Contarini	1659
Nicolò Sagredo	1675
Luigi Contarini	1676
Marcantonio Giustinian	1684
Francesco Morosini	1688
Silvestro Valier	1694
Alvise Mocenigo	1700
Giovanni II Corner	1709
Alvise III Mocenigo	1722
Carlo Ruzzini	1732
Alvise Pisani	1735
Pietro Grimani	1741
Francesco Loredan	1752
Marco Foscarini	1762
Alvise IV Mocenigo	1763
Paolo Renier	1779
Lodovico Manin	1789

VERZEICHNIS DER NAMEN

ALBERGHETTI Alfonso - Schmelzer, Waffenschmied
  (16. Jh.)
ALIENSE s. Vassilacchi
D'ANDREA di Jacopo - Maler
  (1819—1906)
D'ANGELO, s. Moro
ASPETTI Tiziano - Bildhauer
  (1555—1607)

BALDISSERA - Maler
  (16 Jh.)
BALESTRA Antonio - Maler
  (1666—1740)
BALLINI Camillo - Maler
  (16 Jh.)
BAMBINI Nicolò - Maler
  (1651—1736)
BARBARO Daniele - Gelehrter
  (1514—1570)
BARDI Girolamo - Gelehrter
  (16. Jh.)
BASEGIO Pietro - Architekt
  (14. Jh.)
BASSANO Francesco da Ponte, genannt il - Maler
  (1549—1592)
BASSANO Jacopo da Ponte genannt il - Maler
  (1510 z.—1592)
BASSANO Leandro da Ponte, genannt il - Maler
  (1557—1622)
BELLINI Gentile - Maler
  (1429—1507)
BELLINI Giovanni - Maler
  (1430 z.—1516)
BELLO Francesco - Schnitzer
  (16. Jh.)
BELLOTTO Pietro - Maler
  (1627—1700)
BERGAMIN G. Maria - Waffenschmied
  (17. Jh.)
BIAGIO da Faenza - Schnitzer
  (16. Jh.)
BOCCACCINO Boccaccio - Maler
  (1467—1524)
BOMBARDA G. Battista Cambi - Bildhauer, Stuckdekorateur
  (gest. 1582)
BOMBELLI Sebastiano - Maler
  (1635—1716)
BON Bartolomeo - Architekt, Bildhauer
  (gest. 1464)
BON Giovanni - Architekt, Bildhauer
  (gest. 1442)
BOSCH Hieronymus - Maler
  (gest. 1516)
BREGNO Antonio - Bildhauer
  (15. Jh.)

CALENDARIO Filippo - Architekt
  (gest. 1355)
CALIARI Benedetto - Maler
  (1538—1598)
CALIARI Carlo - Maler
  (1570—1596)
CALIARI Gabriele - Maler
  (1568—1631)
CALIARI Paolo s. Veronese
CAMBI s. Bombarda

CAMPAGNA Girolamo - Bildhauer
  (1549—1626)
CARLINI Giulio - Maler
  (1826—1887)
CARPACCIO Vittore - Maler
  (15.—16. Jh.)
CASANOVA Giacomo - Abenteurer, Bildhauer
CASSANA Nicolò - Maler
  (1659—1713)
CASTELLI Francesco - Bildhauer, Stuckdekorateur
  (16. Jh.)
CATTANEO Danese - Bildhauer
  (1509—1573)
CELESTI Andrea - Maler
  (1637—1706)
CIVETTA Enrico Bles, genannt il - Maler
  (1480—1550)
COMINAZZO Lazzaro - Waffenschmied
  (16. Jh.)
COMINO G. Battista - Waffenschmied
  (17. Jh.)
CONTARINI Giovanni - Maler
  (1549—1603)
CONTI Nicolò di Marco - Schmelzer
  (16. Jh.)
CONTIN Antonio - Architekt
  (gest. 1600)
CORONA Leonardo - Maler
  (1561—1605)

DA PONTE Antonio - Architekt
  (1512—1597)
DE MERA Pietro genannt il Fiammingo - Maler
  (17. Jh.)
DE SALIBA Antonello - Maler
  (15.—16. Jh.)
DOLABELLA Tommaso - Maler
  (1560—1650)
DONATO Veneziano - Maler
  (15. Jh.)

FAENTIN Andrea - Schnitzer
  (16. Jh.)
FERRARI Luigi - Bildhauer
  (1810—1894)
FOLER Antonio del - Maler
  (1529—1616)
FRANCESCHI Paolo dei, genannt il Fiammingo - Maler
  (1540—1596)
FRANCO G. Battista - Maler
  (1498—1561)

GAMBERATO Girolamo - Maler
  (geb. 1550)
GASPARI Antonio - Architekt
  (1670—1730)
GENTILE da Fabriano - Maler
  (1370—1427)
GIANBONO Michele - Maler
  (gest. 1462)
GIORGIONE da Castelfranco - Maler
  (1478—1510)
GIOVANNI di Martino da Fiesole - Bildhauer
  (15. Jh.)
GRISELLINI Francesco - Kartograph
  (18. Jh.)
GUARANA Jacopo - Maler
  (1720—1808)
GUARANA Vincenzo - Maler
  (1753—1815)
GUARIENTO Paduaner - Maler
  (1338—1370)

JACOBELLO del Fiore - Maler
(1370—1439)

LAMBERTI Pietro - Bildhauer
(15. Jh.)
LAZZARINI Gregorio - Maler
(1665—1730)
LECLERC Giovanni - Maler
(1588—1633)
LIBERI Pietro - Maler
(1605—1687)
LICINIO Giulio - Maler
(1527—1584)
LOMBARDO Pietro Solari genannt il - Architekt, Bildhauer
(1435—1515)
LOMBARDO Tullio Solari gennant il - Bildhauer
(gest. 1532)
LONGHI Alessandro - Maler
(1733—1813)
LONGO Pietro - Maler
(17. Jh.)
LORENZETTI G. Battista - Maler
(17. Jh.)

MALOMBRA Pietro - Maler
(1556—1648)
MASEGNE Pier Paolo delle - Bildhauer
(gest. 1403)
MENESCARDI Giustino - Maler
(18. Jh.)
MENGOZZI-COLONNA Agostino - Quadraturmaler
(1688—1772)
METSYS Quentin - Maler
(1465—1530)
MICHELINO da Besozzo - Maler
MONOPOLA Bartolomeo - Architekt
(17. Jh.)
MONTEMEZZANO Francesco - Maler
(1540—1602 z.)
MORO Giulio D'Angelo del - Maler, Stuckdekorateur, Bildhauer
(16. —17. Jh.)

ORSINI Giorgio da Sebenico - Architekt, Bildhauer

PALLADIO Andrea - Architekt
(1508—1580)
PALMA Jacopo d. J. - Maler
(1544—1628)
PARODI Filippo - Bildhauer
(1630—1708)
PERANDA Sante - Maler
(1566—1638)
PIETRO da Faenza - Schnitzer
(16. Jh.)
PIETRO da Salò - Architekt, Bildhauer
(16. Jh.)
PISANELLO - Maler
(1380 z.—1455 z.)
PITATI Bonifacio - Maler
(1487—1553)
PONCHINO G. Battista - Maler
(1500—1570)
PORDENONE G. Antonio Sacchiense, genannt il - Maler
(1484—1539)

QUERCIA Jacopo della - Bildhauer
(1367—1438)

RAMNUSIO G. Battista - Kosmograph, Kartograph
(1485—1557)
RAVERTI Matteo - Bildhauer
(15. Jh.)
RENIERI Niccolò - Maler
(1590 z.—1667)
RICCI Sebastiano - Maler
(1660—1734)
RIZZO Antonio - Architekt, Bildhauer
(gest. 1500)
RUSCONI Antonio - Architekt
(16. Jh.)
RÜSTKAMMER, s. Guariento

SANSOVINO Jacopo Tatti, genannt il - Architekt Bildhauer
(1486—1570)
SARACENI Carlo - Maler
(1580 z.—1620)
SCAMOZZI Vincenzo - Architekt
(1552—1616)
SCARPAGNINO Antonio Abbondi, genannt lo - Architekt
(gest. 1549)
SEGALA Francesco - Bildhauer
(gest. 1593)
SORTE Cristoforo - Dekorateur, Kartograph
(16. Jh.)
SPAVENTO Giorgio - Architekt, Staatsmann

TIEPOLO G. Battista - Maler
(1696—1770)
TINELLI Tiberio - Maler
(1586—1638)
TINTORETTO Domenico Robusti genannt il - Maler
(1560—1635)
TINTORETTO Jacopo Robusti, genannt il - Maler
(1518—1594)
TIZIANO Vecellio - Maler
(1488—1576)

UBERTI Pietro - Maler
(1671—1738)

VASSILACCHI Antonio, genannt l'Aliense - Maler
(1556—1629)
VECELLIO Marco - Maler
(1545 z.—1611)
VERONESE Paolo Caliari, genannt il - Maler
(1530—1588)
VICENTINO Andrea di Michieli - Maler
(1542—1617 z.)
VITTORIA Alessandro - Architekt, Bildhauer
(1524—1608)
VIVARINI Alvise - Maler
(1446—1505)

ZAMARIA de' Piombi - Architekt
ZANIBERTI Filippo - Maler
(1585-1636)
ZELOTTI G. Battista - Maler
(1526—1578)
ZUCCARI Federico - Maler
(1540—1609)

INHALTSVERZEICHNIS

Von Malamocco zu Rivoalto	2
Angelo Partecipazio	2
Von der Festung zum offenen Palast	5
Die Herrshaft von Sebastiano Ziani	6
Der Palast nimmt ein neues Aussehen an	6
Der Bau des Saales des Grossen Rates	8
Calendario und Basegio, Wegbereiter oder Nachahmer	10
Die Trunkenheit Noahs, Adam und Eva, Das Urteil des Salomon	12
Die Loggia gegen di Mole hin	15
Paolo Dalle Masegne	15
Die Kapitele des Portikus	16
Die Ecke zur Piazzetta hin	19
Der Bau des Justizpalastes	21
Die Ecke zur Porta della Carta	21
Das Urteil des Salomon	21
Die Acritanischen Pfeiler und die Tetrarchen	24
Besichtigungsweg	26
Tor della Carta	31
Der monumentale Eingang des Dogenpalastes	31
Androne und Arco Foscari	32
Antonio Rizzo - Adamo ed Eva - L'Alfiere	34
Der Hof	36
Der Portikus und die Loggia - Der Uhrturm	36
Ostflügel des Palastes	38
Die Umbauten der Renaissance	38
Die Renaissancefassaden	40
Antonio Rizzo - Pietro Lombardo - Scarpagnino	40
Die Treppe der Zensoren	40
Kirchlein San Nicolò	41
Giorgio Spavento	41
Die Loggien	42
Die Löwenmäuler	42
Eigene Briefkästen für geheime Anzeigen	42
Scala dei Giganti	44
Ein Kostbares Bauwerk von Antonio Rizzo	44
Auf der oberen Rampe wurde der Doge Inthronisiert	44
Scala d'Oro	46
Dogenwohnung	48
Saal degli Scarlatti	49
Saal dello Scudo oder delle Mappe	50
Grimani-Saal	52
Erizzo-Saal	53
Saal degli Stucchi oder Priuli	54
Philosophensaal	55
Erster Pinakothekssaal	57
Zweiter Pinakothekssaal	58
Hieronymus Bosch	59
Dritter Pinakothekssaal	63
Saal degli Scudieri	63
Quadratisches Atrium	64
Die Gemälde des quadratischen Atriums	64
Saal der Vier Türen	65
Die Gemälde des Saales der Vier Türen	68
Saal des Antikollegiums	70
Die Gemälde des Saales des Antikollegiums	73
Kollegiumssaal	74
Die Gemälde des Kollegiumssaales	79
Saal der Pregadi oder des Senates	80
Die wichtigste Behörde der Republik	80
Die Gemälde des Saales des Senates	83
Die Vorlagen für die Mosaiken der Markuskirche	84
Vestibül und Kirche	85
Die Gemälde des Vestibüls	85
Saal des Rates der Zehn	86
Die Geheimste Behörde der Republik	86
Die Gemälde des Saales des Rates der Zehn	89
Bussola-Saal	90
Die Gemälde des Kompassales	91
Saal dei Tre Capi	92
Die Gemälde des Saales dei Tre Capi	92
Saal del Capo degli Inquisitori	93
Rüstkammer	94
Saal des Gattamelata	96
Saal Heinrichs IV	98
Saal des Morosini	102
Saal der Arkebusen	104
Korridor des Grossen Rates - Liagò	106
Saal der Quarantia Civil Vecchia	107
Die Gemälde des Saales der Quarantia Civil V.	108
Saal der Rüstkammer oder des Guariento	109
Saal des Grossen Rates	110
Der Bau des Grossen Saales	113
Der Brand des Saales des Grossen Rates	114
Die Themen der Gemälde an den Wänden	116
Die Gemälde des Saales des Grossen Rates	117
Saal der Quarantia Civil Nova	121
Saal dello Scrutinio	122
Die Wahl des Dogen	124
Die Gemälde im Saal des Wahl	126
Saal der Quarantia Criminal	129
Neues Gefängnis	130
Eine Anstalt der Seufzer	130
Die Herren des Nachts bei der Criminal	130
Antonio Da Ponte und Zamaria de Piombi	130
Die Seufzerbrücke	132
Eine originelle architektonische Lösung	132
Saal der Zensoren	134
Ein Amt zur Verhinderung von Wahlschwindel	134
Saal dell'Avogaria	135
Saal dello Scrigno	136
Die Avogadori waren die Advokaten der Republik	136
Das Goldene Buch	136
Das Siegelamt des Dogen	136
Die Kanzlei des Dogen	137
Saal della Milizia da Mar	137
Die Gefängnisse im Erdgeschoss	138
Die Ältesten Gefängnisse im Dogenpalast	138
Bauhüttenmuseum	139
Verzeichnis der Dogen	140
Verzeichnis der Künstler	141

© Copyright 1979-1995 by Storti Edizioni s.r.l. - Mirano (VE) - Tel. 041/431607 - Fax 041/432347
All rights reserved. Printed in E.U.